정범진의

필통사랑

정 범 진 모음·지음

모우재필통박물관

모우재(慕愚齋) 소개

전 동양대학교 교수 김 장환(金章煥)

중당 선생 근영

모우재는 중당(中堂) 정범진(丁範鎭) 선생의 기념관이다. 소재지는 선생께서 태어난 경북 영주시 가흥동 속칭 줄포(茁浦) 마을 희현당(希賢堂) 바로 옆에 있다. 서북향으로 멀리 소백산 비로봉이 장엄한 자세로 솟아 있고, 그 줄기가 남동쪽으로 뻗어 내려와 매봉과 솔안재를 끝으로 마을의 배산(背山)이 되었다.

선생은 고향 영주에서 초중고를 나와 성균관대학교를 거쳐 대만의 국립사범대학에서 석사학위를 받고 귀국, 모교에서 박사학위를 받았다. 그 후 모교에서 교수 생활을 하는 동안 문과대학장을 거쳐 직선제로 제16대(1995~1999) 총장으로 당선, 4년간의 임무를 마치고 정년퇴직하였다. 한편 정부로부터는 청조근정훈장을 받았고, 영주시로부터는 제1회 대한민국 선비대상을 받았다. 그리고 나서 이곳에 기념관을 지어서 개관식을 거행한 것은 2021년 9월 10일이었다.

선생은 조선 숙종 때, 성리학자로 후세 성호 이익 선생이나 다산 정약용 선생 등으로부터 순정한 학자로 추앙을 받은 바 있는 우담(愚潭) 정시한(丁時翰) 선생의 10대손인데 기념관의 명칭을 '모우재'로 정한 것도 현조(顯祖)를 숭모한다는 뜻이 담겼다. 기념관은 100평 정도의 방 4개짜리 2층 양옥이다.

1층에는 동서로 세 개의 방이 있다. 서쪽 정문으로 들어서면 정면으로 '모우재'라는 현액이 보이는 조그마한 방이 있는데, 여기에는 조상들의 세계(世系)와 선생의 이력이 간략하게 소개되어 있다. 그리고 동쪽 방은 서재로 약 4천 권의 서적이 소장되어 있다. 풍부하지는 않지만 이를테면 선생의 전공에 따라 당송전기, 사대기서 등 통속소설을 위시하여 한중 양국 역대 문호들의 문집과 중국의 경사자집(經史子集)이 두루두루 갖추어져 있다.

서쪽 방은 비교적 천정이 높고 넓어서 약 600여 점의 필통이 세 방향 벽면에 진열되어 있고, 바닥 전시함에는 약간의 벼루가 곁들여 있는데 이 방이 어쩌면 이 기념관의 특별한 볼거리의 중심이라 말할 수 있다. 필통은 대체로 중국 것이 많지만 한국을 비롯해서 세계 각국 각지의 것이 다 섞여 있다. 필통의 자재로는 돌, 나무, 도자기, 쇠, 옥, 상아 등이 있고 형태도 원통 3각형 4각형 6각형 등 여러 종류이며, 모양은 음각, 양각, 투각 등 여러 가지 조각으로 되어 있다. 표면을 보면 그림 글씨 문양 등이 화려하다.

2층으로 올라가면 선생이 평소 한중 명사들로부터 선물로 받은 귀중한 서화들이 자리를 메우고 있어 평생을 살아오면서 사교 관계에서 인연을 누구와 어떻게 맺어 왔는가를 잘 보여주고 있다. 한국의 한 현대 학자로서 선비가 걸어온 자취를 엿볼 수 있는 소박하고 아담한 쉼터라고 말할 수가 있고, 여기에 전시된 품목들은 비록 호화롭거나 값비싼 골동품은 없지만, 현대사회에서 한 선비의 고상하고 청아한 취향의 유물임에는 틀림이 없을 것이다.

선생은 늘 "이 기념관이 부디 학예에 관심 있는 모든 분에게 조금이나마 도움이 되고, 특히 지역사회의 작은 문화공간으로서 낭만적이고 교육적인 장소로 활용이 되었으면 더 이상 바랄 것이 없겠다."고 말씀해 오고 있으니, 아무쪼록 경향 각지의 많은 분들의 깊은 관심을 바라마지 않는다.

2024년 1월 20일

추천사

도예가 보원요주(寶元窯主) 김 기철(金基哲)

1960년대는 우리가 대학을 졸업하고 앞날을 헤쳐나가기에는 너무나 힘들었던 때였다. 그 당시 나의 지우(摯友) 중당은 학문에 뜻을 두고 대학 강사로 어렵게 한 시절을 지내고 있었다. 70년이나 긴 세월이 흐른 지금에 와서도 나의 머리속에는 이 친구가 얼마나 학문에 뜻을 두고 고심하고 있는지 그의 협소한 방에 들어갔을 때의 놀라움이다. 그 방의 두 벽면 가득 천정까지 수많은 책으로 쌓여 있는 것이 마치 책 성벽 속에 갇혀 있는 기분이었다. 결론적으로 중당은 굳은 의지와 노력으로 중국 문학가이며 대학교수로 큰 업적을 이룩한 대단한 인물로 인생을 성공한 입지전적 표본이라 믿고 있다.

수십 년을 이어오며 각별한 우정으로 교류하면서도 또 남다른 취향을 그토록 값지게 이루어내고 있다는 사실을 아주 늦게야 알게 되었다. 그것은 옛 선비들의 고상한 취미랄까 의무 같은 문방사우(文房四友)와의 만남이었다. 여기에서 필통은 도자기에서 말하는 연적, 필통, 필세, 필상을 이르고 있는데, 그중에 학문하는 분들에게 가장 가까이 앞에 놓고 애용하고 감상하는 필통을 긴 세월을 두고 수집했다는 사실이 어쩌면 중당에게는 격에 맞는 고상한 취향이었는지도 모르겠다는 생각이 들어 또다시 감탄하게 되었다.

세상은 놀랍게도 급변해서 이런 문필의 가치를 옛 뒤처진 문화 잔재로 취급할 사람이 있을지는 모르지만, 우리 문화의 큰 몫을 차지하는 학문과 예술의 문화유산을 소중히 생각하고 평생에 걸쳐 수집해서 우리 후손들에게 남겨주겠다는 중당의 뜻이 진정 고맙게 여겨진다.

운 좋게도 우리 백자와 필통은 밀접한 관계를 지니고 있어 도자기를 하는 나로서는 중당 덕분에 또 한 번 잘난 척하는 것 같아 춤이라도 추고 싶은 심정이다. 부디 각계각층의 많은 분들이 그의 기념관을 일차 방문해서 특히 각양각색 여러 나라의 고금 필통을 관람해주시기를 바라는 바이다.

2024. 1. 31

머릿말을 겸한 필통이야기

필통수집인 정 범진(丁範鎭)

내가 필통을 수집하기 시작한 것은 1980년대 초엽 무렵이었다. 그에 앞서 1978년 나는 성균관대학과 자매 관계를 맺고 있던 대만의 국립정치대학 한국어문학과에 교환 교수로 파견되어 1년간 강의를 하였다. 그때 그 대학에서는 나에게 혼자 살기에는 충분한 크기의 관사를 제공했었다. 그렇게 크지도 호화롭지도 않았지만 중앙에는 홀(응접실)이 있었고 방이 둘, 부엌도 따로 있었다. 홀에는 소파도 있었고, 내가 사용할 방(서재)에는 책상과 책꽂이도 갖추어져 있었다. 그런데 펜을 꽂아 놓을 문구가 없어서 언제나 책상 위에는 연필, 볼펜, 붓 등이 어지럽게 나뒹굴고 있었다. 보다 못해서 나는 어느 날 시내로 나가서 필통 하나를 사 와서 필기도구들을 꽂았더니 책상이 훤하게 말끔히 정리되었고 보기도 참 좋았다. 그것은 대나무 마디 모양으로 깎아 만든 대리석 필통이었다.

그런데 필기도구가 날이 갈수록 점점 더 많아지자 하나로서는 감당이 되지 않았다. 그래서 한두 개를 더 샀다. 그것을 보고 간혹 나를 찾아오는 손님이나 제자들은 내가 필통을 좋아하는 줄 알고 자기 집에 있던 필통이나 아니면 시중에서 사 들고 와서 선물로 주는 것이었다. 그러나 이때까지만 해도 나는 필통을 수집해보려는 생각은 없었다.

그러다가 교환 교수 생활을 마치고 돌아올 때, 귀국 보따리를 보았더니 대략 20개 정도의 필통이 성가실 정도로 많이 쌓여 있다는 사실을 발견하고 그중에서 몇 개는 버리고 짐을 좀 줄여볼까도 생각하였으나 곰곰이 생각해보니 하나하나가 버리기에는 너무도 아끼던 물건이라 이미 정이 깊이 들어 있었다. 그래서 오히려 몇 개를 더 사서 돌아가 주위 사람들에게 선물로 주면 어떨까 하는 생각이 머리를 스쳐 갔다.

귀국 후 나는 바로 필통에 대한 애착심이 강해지고 나도 다른 사람들처럼 무언가를 한 가지 수집해보는 것도 흥미롭고 의미 있는 일이라고 느끼게 되었다. 이때부터 나도 어엿한 필통수집가가 되어서 필통 수집에 열을 올리게 되었으니 나의 필통 수집에는 특별한 동기란 없고 그저 그렇게 점진적으로 자연스럽게 모으게 되었다고 말할 수가 있겠다.

내가 국내외에서 수집한 많은 필통은 대부분 현지를 방문하는 기회에 구입한 것이 많은데 이를테면 학술회의 참석, 관광여행, 자매학교 방문, 교환 교수 생활, 민간외교 등등의 이유로 여행할 때마다 틈만 있으면 개별적으로 토산품이나 골동품 가게, 또는 대학 영내에 있는 문방구점, 관광지 등을 발 빠르게 찾아가서 구입한 경우가 많았고, 그 밖에 내가 필통을 수집한다는 것을 알고 있는 주변 사람들은 자기가 가지고 있던 필통이나 혹은 또 해외에 다녀올 때 선물로 사다 준 것이 많았으며, 또 많지는 않지만 특히 나무로 된 좋은 자재가 생기면 내가 직접 글씨나 그림 그리고 문양 같은 것을 새겨서 만든 것도 있다.

생산 국가 별로 보면, 국내를 비롯해서 중국, 대만, 이태리, 독일, 프랑스, 영국, 네덜란드, 스위스, 홍콩, 마카오, 베트남, 말레이시아, 필리핀, 태국, 인도, 인도네시아, 호주, 뉴질랜드, 우크라이나, 러시아, 일본, 아르헨티나, 멕시코, 브라질, 페루, 우루과이, 칠레, 케냐, 잠비아, 미국 등등 수없이 많은 나라의 작품들을 수집하였다.

필통의 재료를 나누어서 보면, 그야말로 천종만재(千種萬材) 헤아릴 수도 없이 다양하다. 즉, 나무(대나무, 황양목, 참나무, 오동나무, 배나무, 소나무, 박달나무, 흑단, 자단, 야자수, 종이 등등), 금속(무쇠, 구리, 백통, 주석, 은, 놋쇠, 등등), 돌(여러 종류 여러 색깔의 옥돌, 대리석, 화강석, 니산석, 유리, 석분 등등), 흙(도자기, 여러 가지 색깔의 토기 옹기 삼채 등등), 짐승의 뼈(상아, 무소뿔, 무소뼈 등등), 가죽, 플라스틱, 콜크 등등이 있지만 그 가운데서도 흙 돌 쇠 나무가 주종을 이룬다.

모양으로 보았을 때는 주로 원통이 많고 전체적으로는 삼각형, 사각형, 육각형, 팔각형 등 다양하다. 그리고 조각은 양각, 음각, 투각 등등이 있으며, 가장 화려하기로는 필통 면에 그림이나 글씨 또는 각종 문양을 그리거나 새겨 놓은 것인데 이것이 필통의 품격을 좌우하기도 한다. 이를테면 산수화나 수목, 화초, 신선, 인물, 날짐승, 건축물, 곤충, 풍속도, 서예, 경문, 명문, 구름, 바위 등등을 훌륭하게 쓰거나 그리거나 새겨 놓은 것 등등 정말 각양각색이다. 특히 필통의 모양이나 재료나 외면의 그림 등이 뛰어난 필통을 입수할 때의 그 기쁨이란 직접 겪어보지 못한 사람은 그 심정을 잘 이해하지 못할 것이다.

그리고 구입하거나 주위 사람들로부터 선물로 받은 필통에 얽힌 재미있는 뒷이야기도 많이 있다. 한번은 단체로 스위스의 취리히에 갔을 때의 일이었다. 시간이 남아 잠시 버스를 세워두고 각자가 자유시간을 가졌다. 나는 국민대학의 J 교수와 짝을 지어 시내 호반에서 산보를 하였다. 그때 마침 호반에서는 벼룩시장이 열리고 있었다. 혹시나 하고 두리번거리다가 스위스제 필통 하나를 발견하고 좌판 주인과 흥정을 서둘러서 비교적 싼 값으로 샀다. 좌판 주인은 그때 가랑비도 내리기 시작하고 또 파장에 가까운 시간이라 집으로 돌아갈 보따리를 막 싸려고 하던 참이라 얼른 팔고 가려고 했었던 모양이었다. 기실 나의 입장도 버스 세워둔 곳이 걸어서 약 5분 정도는 되는 거리라 시간과 마음이 다 다급했기 때문에 시간을 무턱대고 끌 수가 없는 형편이었다. 그래서 사고파는 사람의 마음이 똑같이 다급해서 매매가 빨리 이루어졌던 것이었다. 나로서는 참으로 행운이었다. 유럽도 도자기는 유명하고 많이 있었지만 수요가 적은 탓인지 필통만은 별로 보이지 않았다. 그런데도 범랑을 입힌 예쁘고 오래된 유럽의 구리제품을 쉽사리 구입할 수가 있었으니 무척이나 기뻤다. 좀 비속한 속담으로 '개 눈에는 똥만 보인다'고 했던가 아니면 점잖은 격언에 '지성이면 감천'이라 했듯이 나의 필통 수집의 성의가 하늘에 닿아서 이런 행운을 얻은 것이라고 잠시 느껴졌다.

또 한번은 백주에 우리 집에 두 명의 강도가 들어 벽에 걸렸던 대만 화가의 그림과 대만대학 대정농(臺靜農) 교수가 나에게 써 준 대련 글씨 그리고 내가 가장 아끼던 필통 3~4개, 그 밖에 몇몇 귀한 서화 등을 강탈해 갔다. 그때 나는 청주에 가서 제자 결혼식의 주례를 서고 있었고, 우리 집사람은 볼일로 출타 중이었으며, 집에는 16세 가량의 심부름하는 아이가 혼자서 집을 보고 있었다. 이 소식은 아주 급속히 기자들에게 알려져 지급으로 그날의 신문과 방송으로 보도까지 되었었다. 내가 보고를 받고 황급히 집으로 왔을 때는 이미 강도질이 다 끝나고도 한참 뒤의 일이었다. 나는 황급히 아이에게 "너는 괜찮았니?" 하고 물었다. 그 아이는 그 순간까지도 아직 겁에서 깨어나지 못하고 있었다. 나는 그 순간 강도들이 무엇을 강탈해 갔는가 아니면

무슨 가구를 부숴놓았는가 하는 생각은 전혀 없었고 오직 우리 아이가 혹시나 다치지나 않았을까 하는 두려움뿐이었다. 천만다행으로 우리 아이는 강도들이 들어와서 아랫목에다가 이불로 덮어씌워 꼼작 못하게 해 놓고서 유유히 도적질을 저질렀다는 것이었다. 정신을 차리고, 분실된 물건들을 점검해 보았더니 그중에는 내가 가장 아끼던 필통 몇 개가 보이지 않았다. 그리고 온갖 물건들이 방바닥에 나뒹굴고 있었다.

이런 일이 있은 이후로 나는 무척 속이 상했고, 도둑이 횡행해도 이에 방비가 뒤따르지 못하는 불안한 이 사회를 원망도 했으며, 또 한편으로는 보안을 철저히 하지 못했던 나의 부주의에 대해서 깊은 반성도 해 보았다. 그러나 강도들의 악행에 대한 증오심은 좀처럼 가실 줄을 몰랐다. 따라서 나의 필통 수집에 대한 의욕도 한순간에 무너지고 말았다. 따라서 이때부터는 신나게 쫓아다니면서 필통을 모으는 일은 없었고 다만 우연히 좋은 물건이 눈에 띄게 되면 어쩔 수 없이 또 구입하곤 했었다. 만약에 그런 일이 일어나지 않았더라면 나는 지금 아마도 최소한 1000개 이상은 이미 무난히 수집했을 것이다.

그 후로부터 나는 필통 수집을 거의 포기하다시피 하고 있었다. 그러던 어느 날 서울 인사동 거리를 걸어서 우연히 어떤 부인의 좌판 앞을 지나다가 내 시야에 확 들어오는 필통 하나를 보았다. 그것은 내가 도적 맞았던 필통 중 하나인 바로 그 조그마한 옥 필통이었다. 나는 마치 잃어버렸던 아이를 다시 찾은 것처럼 너무도 반갑고 고마워서 아무런 앞뒤 생각도 없이 값만 얼마냐고 물었다. 값의 고하를 막론하고 바로 사 들고 갈 생각에서였다. 순간적으로 그 필통을 어디서 누구로부터 사 왔으며, 얼마를 주고 샀느냐고 따져보고, 경찰에 고발해서 강도들을 추적해볼 생각도 했었지만, 문득 그렇게 했다가는 죄 없고 가난한 좌판 아주머니만 경찰에 불려가서 욕먹게 될 것이라는 생각이 들어서 필통만 얼른 사서 들고 돌아오고 말았다. 치른 값은 그 당시 금액으로 6만 원이었는데 이 금액은 처음 샀을 때보다 2만 원이나 더 비쌌던 것으로 기억한다.

또 한번은 중국의 어떤 관광지에서 특산품 가게 앞을 지나다가 내 눈에 확 띄는 필통 하나가 있었다. 분명히 맑은 옥 필통이었다. 물론 일행들에게는 아무런 관심도 없는 일이었다. 나는 혼자 무리에서 벗어나 재빠르게 가게 안으로 들어가 옥 필통을 요리조리 살펴본 다음 값을 물어보았다. 생각했던 값보다 훨씬 쌌다. 그래도 나는 매번 하던 버릇으로 값을 깎아달라고 했다. 이때 안 된다고 했으면 나는 그냥 그대로 샀을 것이다. 왜냐하면 일행들은 이미 저만치 멀어져갔고 또 처음 부른 값이 그리 비싸지도 않았기 때문이었다. 그런데 상점 주인은 값을 꽤 많이 덜어주었다. 나는 고맙다고 인사를 하고 급히 일행들의 뒤를 쫓아갔다. 호텔로 돌아와 오늘 산 그 옥 필통을 면밀하게 관찰해보았더니 그것은 옥이 아니고 석필(아스팔트 같은 땅바닥에 글씨를 쓸 때 어린이들이 사용하는 아주 무른 돌) 만드는 재료의 돌이었다. 손톱으로 꾹꾹 눌러도 자욱이 나는 아주 무른 싸구려의 돌이었다. 돌을 깎아서 필통을 만들고 거기에다 니스인지 락카인지 칠을 잘해서 정말 옥처럼 보이게 만든 것을 속아서 샀던 것이었다. 후회해도 이미 때는 늦었었다. 한국 사람들이 중국에 관광으로 가서 이래저래 속임을 당하는 사례는 비일비재하다. 그래도 나는 언어가 통했기 때문에 터무니없이 속는 일은 거의 없었는데 그날은 워낙에 다급했던 탓에 그만 가짜를 몰라보고 속고 말았던 사건이었다.

필통을 수집하다가 보면 뜻밖에도 오래되었거나 화려하거나 괴이하거나 값비싸거나 예술성이 풍부한 것들을 가끔 만나서 예상보다 저렴한 값으로 구입할 때가 있는데, 이럴 때의 기쁨이란 형언할 수 없을 만큼 희열을 느끼게 된다. 그러나 너무 마음이 기쁘고 급하다 보면 간혹 가짜 물건을 속아서 덜컥 사고 마는 경우가 없지 않으니 특별히 주의해야 한다. 그리고 내외국인을 막론하고 특별히 나에게 선물로 주는 필통 중에서 아주 뛰어나게 묘하고 훌륭한 필통을 받았을 때도 그 어떤 값나가는 선물을 받는 것보다 더 큰 기쁨과 감사함을 느끼게 한다.

또 한참 동안 명품을 만나지 못해서 무미하게 지내다가 마침 좋은 나무 재료를 보게 되면 나도 모르게 마음이 동해서 거기에다가 내 나름대로 글씨나 문양 등을 그리거나 새겨서 완전한 필통을 이루어 놓게 되는데 그렇게 되면 뜻밖에도 세상에 하나밖에 없는 귀한 필통이 생산되는 수가 있다. 이때도 마음속은 무한한 즐거움으로 가득 찬다. 수집가들은 아마도 다 이런 재미로 컬렉션에 열을 올리는 것이 아닐까? 하고 혼자 생각해 보곤 한다.

필통을 오랫동안 수집해서 감상하다 보니 나에게는 나름대로 일종의 철학적 사고가 생겨나기도 한다. 인간은 사회적 동물이라 하지 않는가? 서로 안아주고 품어주고 거두어주고 사랑하고 도우면서 살아간다. 나의 품 안에 안긴 수많은 필통들은 모두가 사랑스러운 나의 자식과도 같다는 생각이 가끔 들곤 한다. 그런데 필통 자신도 그 무엇을 품어주고 끌어안아서 거두어주는 물건이 아니던가? 각종 연필, 각색의 볼펜, 크고 작은 붓, 등등 이들이 집을 잃고 방황하거나 해야 할 일을 접어두고 책상 주변에 어지럽게 흩어져서 갈 곳을 못 찾고 헤매고 있을 때 그들을 친절하고 다정하게 거두어서 집 안으로 데려와 편히 쉬게 하고 다음 일을 하러 나갈 때까지 편안한 휴식처를 제공해준다. 편안한 휴식을 하고 난 다음에는 스스로의 저축된 에너지로 넓은 운동장으로 나아가 자신의 역량을 마음껏 발휘해서 불후의 명문을 지어내기도 하고 세상에 하나밖에 없는 명화를 그려내기도 한다. 그럴 때 그들을 거두어주었던 안식처는 그 얼마나 크고 위대한 보람과 기쁨을 느낄까? 마치 스승이 총명한 인재를 길러내어서 훌륭한 인물로 성공시켰을 때 느끼는 그런 기쁨 말이다. 그리고 보면 필통은 과연 명작 명화를 만들어내는 수재들을 거두어 안아주는 어머니의 품 안 즉 요람이라고 말할 수가 있을 것이고 동시에 훌륭한 스승의 훈육실이라고도 할 수 있을 것이다.

필통이 비록 옛 사람들이 말하는 바의 문방사우, 즉 종이 붓 먹 벼루의 넷 문방구에는 들지 못하는 것이긴 하지만 오늘날 그것이 문방사우보다 조금도 손색없는 역할을 하고 있는 문방구로 신분이 상승되어 있다는 사실을 절감하게 된다. 그래서 필통이 비록 필기구를 보관해 두는 하나의 통류(筒類)에 불과한 존재일 뿐만 아니라, 필통에서 우리는 멋있는 산수화나 신선도 화조도나 또는 다양한 조각(彫刻)이나 값진 재료에서 느껴보는 예술적 아름다움이나 심리적 값진 만족감 같은 흥취감을 느낄 수가 있으니 이 얼마나 고귀한 소득인가?

이런 낭만적인 마음의 여유를 오래도록 간직하면서 즐겁게 살고 싶다.

2023년 소설절(小雪節)

모우재필통박물관
慕愚齋 筆筒博物館

정범진의

필통사랑

주요목차

앞에 특별히 주요란 말을 붙인 것은 선택적 목차이기 때문이다. 필통이 등급의 차이도 있지만 그 필통을 입수한 지리적 장소, 역사적 의의, 수집한 사람의 느낌 등에 따라 좀 더 멋있고, 빼어나고, 흥미롭다고 생각되는, 특이한 필통만을 골라서 목차를 만들었다. 따라서 모든 분이 각자의 의향에 따라 특히 여러모로 뜻이 있고 뛰어난 필통을 골라서 볼 수 있게 하였으니, 참고하시길 바란다. 아마도 필통열람과 더불어 특히 중국에 관한 짧은 관광상식을 익히는 데에 많은 도움이 될 것으로 믿는다.

일련번호 001

입수일자	1978년 9월
입수장소	대만 대북(台北)
입수경위	현지 구입
생산국가	대만
생산연대	현대
재료	흑색 대리석
등급	C급

대만 국립정치대학 교환 교수 시절, 내 방 책상 위에 어지럽게 흩어져 있던 필기도구들을 꽂아 놓기 위해서 어쩔 수 없이 근처 문방구에 나가서 구입했다. 내 생애 처음으로 구입한 필통이다.

일련번호 002

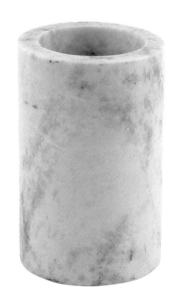

입수일자	1982년 4월
입수장소	한국 서울 롯데 백화점
입수경위	현장 구입
생산국가	중국
생산연대	현대
재료	백색 화강석
등급	B급

일련번호 003

입수일자	1978년 10월
입수장소	대만 대북(台北)
입수경위	현지 구입
생산국가	대만
생산연대	현대
재료	흑색 대리석
등급	C급

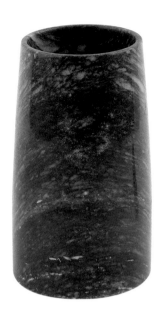

일련번호 004

입수일자	1978년 10월
입수장소	대만 대북(台北)
입수경위	현지 구입
생산국가	중국
생산연대	현대
재료	흑색 대리석
등급	A급

일련번호 005

입수일자	1979년 2월
입수장소	홍콩(Hong Kong)
입수경위	현지 구입
생산국가	중국
생산연대	현대
재료	도자기(景德鎭窯)
등급	특 A급

내가 필통을 수집하기 시작한 이래 가장 아름다운 필통이어서 입수 당시 매우 기뻤다. 이것은 송대부터 자기를 만들었다는 중국 강서성(江西省)에 있는 저 유명한 경덕진요(景德鎭窯)에서 만든 제품이었다. 내가 필통을 수집하려고 마음먹은 것이 어쩌면 이 필통 때문이었는지도 모른다. 알록달록한 물감으로 그린 그림이 화려하고 그 중간에 한 여인이 걸상 위에 앉아 있다. 그 옆에는 매화가 피어 있는 나무가 있다. 참으로 아름다운 낭만적인 풍경이다.

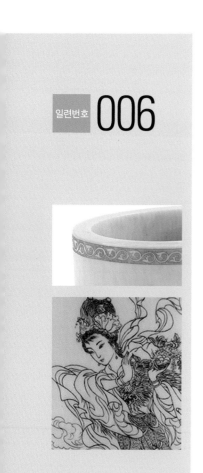

일련번호 006

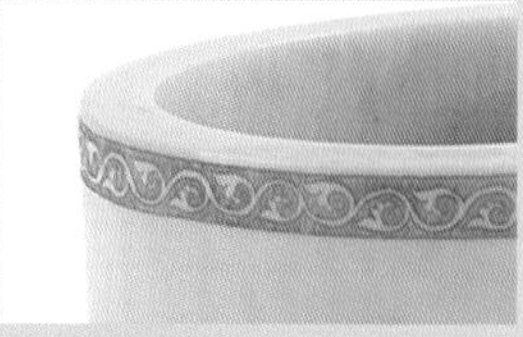

입수일자	1986년 1월 2일
입수장소	중국 마카오(澳門)
입수경위	현지 구입
생산국가	중국
생산연대	현대
재료	상아
등급	특 A급

마카오(澳門)까지 가서 오랜만에 훌륭한 물건을 발견, 구입하였다. 당시 금액으로는 제법 비싼 것이었으나 반갑고 기쁜 마음으로 사가지고 돌아왔다. 크기도 충분히 크고 받침까지 달렸으며 보기에도 무척 고급 상품으로 인식되었다. 자고로 중국 남방지방에서는 마고(麻姑) 할멈이 인간의 생명을 관장한다는 전설이 있다고 한다.

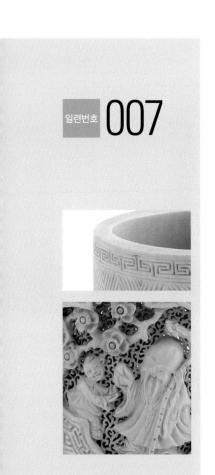

일련번호 007

입수일자	1983년 2월
입수장소	대만 대북(台北)
입수경위	현지 구입
생산국가	중국
생산연대	현대
재료	상아
등급	특 A급

멋진 고급 필통이다. 필통이 이렇게 예쁠 수도 있구나 하고 생각해 보았다. 값도 비쌌지만 그만한 값어치가 있다고 느껴졌다. 모처럼 고급 자재로 만든 필통다운 훌륭한 명품을 구입하게 되어 즐거웠다. 장시간 보고 또 보면서 즐거운 마음으로 감상하였다.

일련번호 008

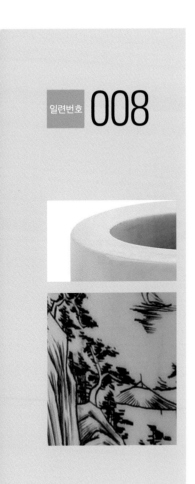

입수일자	1982년 12월
입수장소	대만 대북(台北)
입수경위	현지 구입
생산국가	중국
생산연대	현대
재료	상아
등급	특 A급

처음으로 비교적 비싼 필통을 구입했다. 아마도 그 재료가 상아이기 때문이었을 것이다. 값보다도 좋은 상아 필통을 샀다는 데에 마음이 기쁘고 풍요로웠다. 상아는 예나 지금이나 귀한 재료임에는 틀림이 없다.

일련번호 009

입수일자	1984년 2월
입수장소	대만 대북(台北)
입수경위	현지 구입
생산국가	중국
생산연대	현대
재료	상아(象牙)
등급	특 A급

오랜만에 보기 드문 고급 상아 제품을 입수했다. 산수화도 훌륭하고 값도 상당했지만 부담감은 없었고 아주 즐거웠다. 심심할 때면 꺼내서 그 산수화를 감상하곤 한다.

일련번호 010

입수일자	1988년 11월 06일
입수장소	대만 대북(台北)
입수경위	현지 구입
생산국가	중국
생산연대	현대
재료	상아
등급	특 A급

일련번호 011

입수일자	1990년 05월 13일
입수장소	대만 대북(台北)
입수경위	현지 구입
생산국가	중국
생산연대	현대
재료	상아
등급	특 A급

상아라는 재료도 고급이지만, 양각으로 새겨 놓은 선녀(仙女)상이 훌륭하고 아름다워 특별히 눈길을 끈다. 대북의 옥시장에서도 이런 작품은 구하기가 쉽지 않다.

대북 시내에는 일요일마다 옥시장이 열리는 곳이 있다. 거기에는 옥제품을 비롯해서 상아, 무소뿔, 나무제품, 금속 등등 그야말로 천만가지 장식품을 팔고 사고 하는 국제급 시장이라고 말할 수 있다. 나는 교환교수 시절 자주 이곳에 가서 필통을 샀었다.

일련번호 012

- **입수일자** 1983년 3월
- **입수장소** 대만 대북(台北)
- **입수경위** 현장 구입
- **생산국가** 대만
- **생산연대** 현대
- **재료** 비교적 작은 백자
- **등급** C급

일련번호 013

- **입수일자** 1983년 3월
- **입수장소** 대만 대북(台北)
- **입수경위** 현지 구입
- **생산국가** 대만
- **생산연대** 현대
- **재료** 철분을 칠해서 구운 적색 자기
- **등급** A급

도자기에서 적색을 내기가 어렵다고 들었는데 이 필통은 적색이 아주 아름답다.

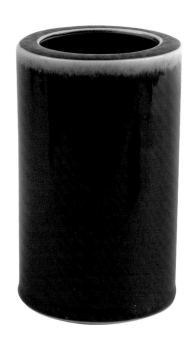

일련번호 014

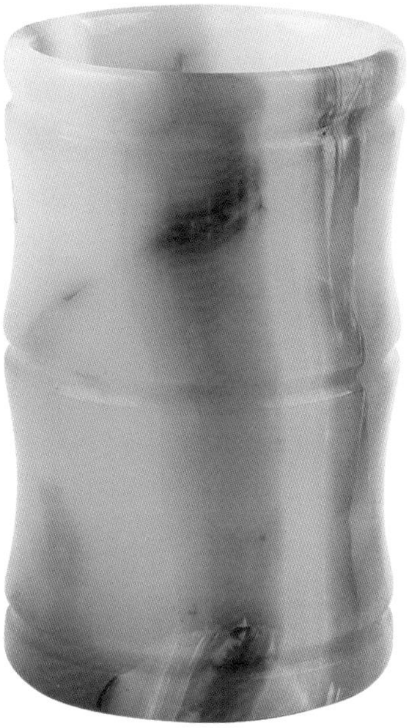

입수일자	1983년 3월
입수장소	대만 대북(台北)
입수경위	현지 구입
생산국가	대만
생산연대	현대
재료	녹백색 대리석
등급	B급

일련번호 015

입수일자	1983년 4월
입수장소	대만 대북(台北)
입수경위	현지 구입
생산국가	대만
생산연대	현대
재료	대나무
등급	B급

“壽福康寧” 네 글자를 스스로 새겼다.

일련번호 016

입수일자	1983년 4월
입수장소	한국 경기도 곤지암 보원요(寶元窯)
입수경위	선물 받음
생산국가	한국
생산연대	현대
재료	흰색 도자기
등급	특A급

이는 지헌(知軒) 김기철(金基哲) 도예가의 수제(Hand made) 작품이다. 그는 우리나라 굴지의 예술인이며 이미 세계적으로 이름이 나 있다. 나와는 우리 사회에서는 보기 드물게도 근 70년의 세월이 지나도록 때로는 멀리서 또 때로는 가까이서 깊은 우정으로 변함없이 지내고 있는 지우(摯友)이다. 신년맞이 안부편지라든가 기타 저작물 교환 또는 직접 지은 농산물 선물 등등을 수시로 교환하고 있다. 그런데 그가 수년 전에 내가 필통을 좋아한다는 것을 알고 특별히 이 쌈지, 아니 석류 모양의 필통과 그밖에 몇 점의 훌륭한 필통을 공들여서 구워주었다. 참으로 기쁘고도 고마웠다. 관포지교(管鮑之交)와 같은 우정을 느끼면서 감사한 마음으로 감상하고 있다.

일련번호 017

입수일자	1983년 4월
입수장소	한국 서울 인사동
입수경위	현장 구입
생산국가	한국
생산연대	현대
재료	백자(白磁)
등급	A급

일련번호 018

입수일자	2023년 12월
입수장소	한국 경기도 곤지암
입수경위	선물 받음
생산국가	한국
생산연대	현대
재료	백자(白磁)
등급	특 A급

마치 많은 동전을 엮어 놓은 것 같은 모양을 연상케 하는 투각이 훌륭하다. 이는 김기철(金基哲) 형이 스스로 자랑하는 득의 작품이다. 그는 우리나라 굴지의 도예가로 곤지암에 보원요를 운영하고 있다. 예술성을 중시해서 똑같은 제품을 대량생산하는 방식을 지양하고, 오로지 핸드메이드를 고집하고 있는, 해외에서도 많이 알려진 도예가이다. 나에게 이런 친구가 있다는 것이 얼마나 자랑스러운지 모른다. 나는 이미 여러 개의 필통 작품을 선물로 받았다.

일련번호 019

입수일자	1983년 4월
입수장소	한국 서울 인사동
입수경위	현장 구입
생산국가	한국
생산연대	현대
재료	청자(靑磁)
등급	B급

일련번호 020

입수일자	1984년 11월
입수장소	한국 서울 여의도 풍년제 때
입수경위	현장 구입
생산국가	한국
생산연대	현대
재료	청자
등급	B급

일련번호 021

입수일자	1988년 8월 14일
입수장소	한국 공주 국립박물관
입수경위	현장 구입
생산국가	한국
생산연대	현대
재료	백자
등급	C급

일련번호 022

입수일자	1983년 8월
입수장소	한국 서울 롯데 백화점
입수경위	현장 구입
생산국가	한국
생산연대	현대
재료	목재
등급	C급

일련번호 023

입수일자	1983년 8월
입수장소	한국 서울 롯데 백화점
입수경위	현장 구입
생산국가	한국
생산연대	현대
재료	목재
등급	C급

일련번호 024

입수일자	1983년 8월
입수장소	한국 서울 롯데 백화점
입수경위	현장 구입
생산국가	한국
생산연대	현대
재료	목재 자색 칠
등급	C급

일련번호 025

입수일자	1983년 9월
입수장소	한국 서울 미도파 백화점
입수경위	현장 구입
생산국가	한국
생산연대	현대
재료	도자기
등급	D급

일련번호 026

입수일자	1983년 9월
입수장소	한국 서울 인사동
입수경위	현장 구입
생산국가	한국
생산연대	현대
재료	백자
등급	B급

일련번호 027

입수일자	1983년 7월
입수장소	한국 서울 롯데 백화점
입수경위	현장 구입
생산국가	한국
생산연대	현대
재료	목재 참나무
등급	C급

일련번호 028

입수일자	1984년 1월
입수장소	한국 서울 인사동
입수경위	현장 구입
생산국가	한국
생산연대	현대
재료	목재
등급	C급

"存心壽也" 4자 음각

일련번호 029

입수일자	1983년 10월
입수장소	한국 서울 인사동
입수경위	현장 구입
생산국가	한국
생산연대	현대
재료	목재
모양	원통형
등급	A급

일련번호 030

입수일자	1983년 11월
입수장소	한국 서울 명륜동
입수경위	현장 구매
생산국가	한국
생산연대	현대
재료	청화 백자
등급	B급

일련번호 031

입수일자	1983년 12월
입수장소	한국 서울 인사동
입수경위	선물 받음
생산국가	한국
생산연대	현대
재료	목재(오동나무)
등급	특 A급

13각, 나무 조각 부침. 받침이 달렸음. 조각마다 음각으로 한문 명구를 새겼음. 내가 필통을 수집한다는 사실을 알고 선배인 석치(石癡 또는 石如) 성대경(成大慶) 교수는 이 필통 말고도 자기가 아끼던 필통 몇 개를 선물로 가져 왔다. 그 중에서도 한지를 꼬아서 만들어서, 옻칠한 필통은 재료가 특이해서 너무나 귀하고 반가웠다. 너무 고마운 마음에서 고이 간직하고 길이 감상하리라 마음을 먹었다.

일련번호 032

입수일자	1983년 12월
입수장소	한국 서울 인사동
입수경위	선물 받음
생산국가	한국
생산연대	골동
재료	창호지(한지)
등급	특 A급

성 교수의 선물인데 보기 드문 한국의 골동품임. 한지를 꼬아서 필통 모양으로 만들어 옻칠을 한 제품이라 참으로 희귀한 것임으로 나로서는 대단히 고맙게 여기고 잘 감상하고 있다.

일련번호 033

입수일자	1984년 2월
입수장소	한국 서울 롯데 백화점
입수경위	현장 구입
생산국가	한국
생산연대	현대
재료	나무 조각
등급	C급

일련번호 034

입수일자	1983년
입수장소	한국 서울 인사동
입수경위	현장 구입
생산국가	한국
생산연대	현대
재료	목재
등급	C급

일련번호 035

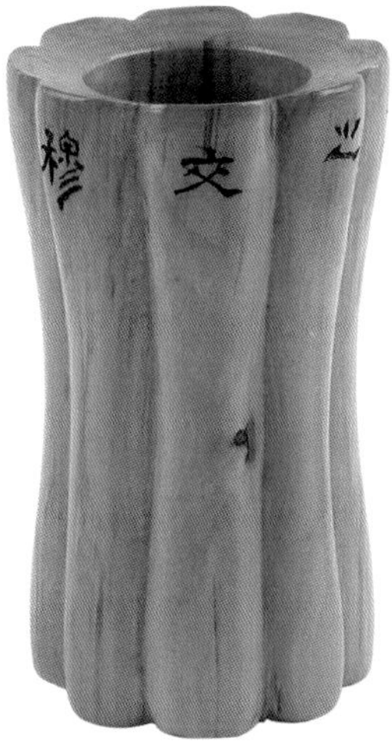

입수일자	1984년 1월
입수장소	한국 문경(聞慶)
입수경위	현장 구입
생산국가	한국
생산연대	현대
재료	목재
등급	B급

'君子之交 穆如淸風' 8글자를 스스로 새기고 보니 작품이 되었고, 모양도 묘해서 사랑스럽다.

일련번호 036

입수일자	1983년 2월
입수장소	한국 서울 롯데 백화점
입수경위	현장 구입
생산국가	한국
생산연대	현대
재료	갈색 나무
등급	C급

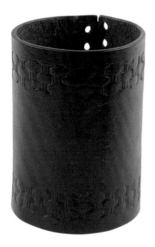

일련번호 037

입수일자	1984년 2월
입수장소	한국 서울 롯데 백화점
입수경위	현장 구입
생산국가	(?)
생산연대	현대
재료	가죽
등급	C급

일련번호 038

입수일자	1984년 2월
입수장소	대만 대북(台北)
입수경위	현지 구입
생산국가	대만
생산연대	현대
재료	대나무
등급	C급

‘溫故知新’ 4자를 스스로 써서 새겼다.

일련번호 039

입수일자	1984년 8월
입수장소	대만 대북(台北)
입수경위	선물 받음
생산국가	대만
생산연대	현대
재료	도자기
등급	A급

일련번호 040

입수일자	1984년 2월
입수장소	대만 대북(台北)
입수경위	현지 구입
생산국가	중국
생산연대	현대
재료	도자기
등급	A급

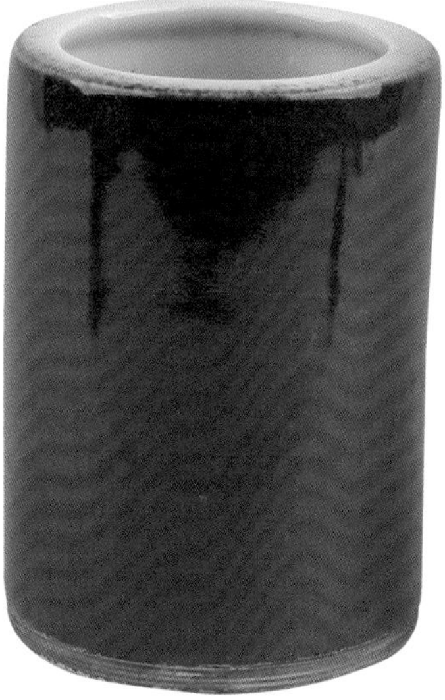

일련번호 041

입수일자 1984년 2월
입수장소 대만 대북(台北)
입수경위 현지 구입
생산국가 중국
생산연대 현대
재료 백자
등급 B급

일련번호 042

입수일자 1984년 2월
입수장소 대만 대북(台北)
입수경위 현지 구입
생산국가 중국
생산연대 현대
재료 백자
등급 B급

일련번호 043

입수일자	1984년 2월
입수장소	대만 대북(台北)
입수경위	현지 구입
생산국가	대만
생산연대	현대
재료	도자기
등급	B급

일련번호 044

입수일자	1984년 2월
입수장소	대만 대북(台北)
입수경위	현지 구입
생산국가	대만
생산연대	현대
재료	도자기
등급	B급

일련번호 045

입수일자	1984년 2월
입수장소	대만 대북(台北)
입수경위	현지 구입
생산국가	대만
생산연대	현대
재료	백자
등급	C급

일련번호 **046**

입수일자	1984년 2월
입수장소	대만 대북(台北)
입수경위	현지 구입
생산국가	일본
생산연대	근대
재료	나무
등급	A급

일련번호 **047**

입수일자	1984년 2월
입수장소	대만 대북(台北)
입수경위	현지 구입
생산국가	대만
생산연대	현대
재료	백자
등급	D급

일련번호 **048**

입수일자	1984년 2월
입수장소	대만 대북(台北)
입수경위	현지 구입
생산국가	중국
생산연대	현대
재료	철(무쇠)
등급	C급

일련번호 049

입수일자	1984년 2월
입수장소	대만 대북(台北)
입수경위	현지 구입
생산국가	대만
생산연대	현대
재료	백자
등급	C급

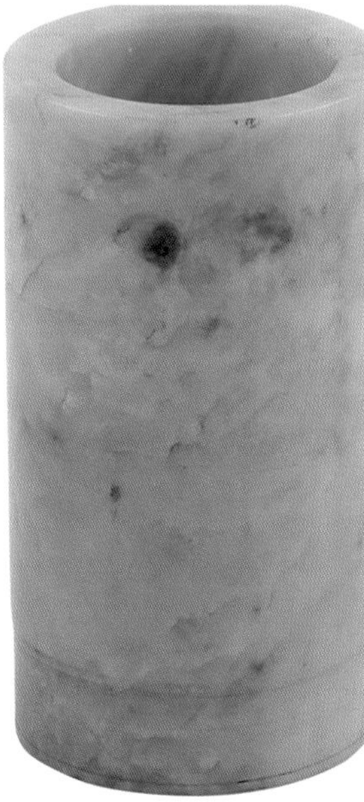

일련번호 050

입수일자	1984년 2월
입수장소	대만 대북(台北)
입수경위	현지 구입
생산국가	중국
생산연대	골동
재료	옥
등급	특 A급

자그마한 앙증맞은 옥 필통이다. 아주 귀한 골동인데 그 생산연대는 미상이다. 그러나 내가 처음으로 구입한 옥 필통이라 값진 것이었고 마음이 이상하게 기쁘고 흥분되었다.

일련번호 051

입수일자	1984년 3월
입수장소	한국 서울
입수경위	선물 받음(이효우사장)
생산국가	한국
생산연대	현대
재료	목재(오동나무?)
등급	A급

일련번호 052

입수일자	1984년 2월
입수장소	한국 서울
입수경위	현장 구입
생산국가	한국
생산연대	현대
재료	도자기
등급	A급

일련번호 053

입수일자	1984년 9월
입수장소	독일 Loreley
입수경위	현지 구입
생산국가	독일
생산연대	현대
재료	백자
등급	C급

일련번호 054

입수일자 1985년 8월 31일
입수장소 일본 쓰꾸바(筑波) EXPO-85
입수경위 현장 구입
생산국가 KENYA
생산연대 현대
재료 화문석
등급 C급

일련번호 055

입수일자 1984년 9월
입수장소 영국 윈저성
입수경위 현지 구입
생산국가 독일
생산연대 현대
재료 백자
등급 A급

일련번호 056

입수일자 1984년 9월
입수장소 이탈리아 로마
입수경위 현지 구입
생산국가 이탈리아
생산연대 현대
재료 도자기
등급 C급

일련번호 057

입수일자 1984년 9월
입수장소 이탈리아 로마
입수경위 현지 구입
생산국가 이탈리아
생산연대 현대
재료 도자기
등급 C급

일련번호 058

입수일자 1984년 9월
입수장소 영국 런던 윈저성
입수경위 현지 구입
생산국가 중국(?)
생산연대 현대
재료 백자(본차이나)
등급 A급

일련번호 059

입수일자 1984년 9월
입수장소 이탈리아 로마
입수경위 현지 구입
생산국가 이탈리아
생산연대 현대
재료 도자기
등급 A급

일련번호 060

입수일자 1984년 9월
입수장소 이탈리아 로마
입수경위 현지 구입
생산국가 이탈리아
생산연대 현대
재료 자기
등급 A급

일련번호 061

입수일자	1984년 9월
입수장소	이탈리아 휘렌체
입수경위	현장 구입
생산국가	이탈리아
생산연대	현대
재료	가죽(皮革)
등급	D급

일련번호 062

입수일자	1984년 9월
입수장소	이탈리아 휘렌체
입수경위	현지 구입
생산국가	이탈리아
생산연대	현대
재료	종이 제품
등급	E급

일련번호 063

입수일자	1984년 9월
입수장소	이탈리아 휘렌체
입수경위	현지 구입
생산국가	이탈리아
생산연대	현대
재료	종이 제품
등급	E급

일련번호 064

입수일자	1984년 9월
입수장소	이탈리아 로마
입수경위	현지 구입
생산국가	이탈리아
생산연대	현대
재료	코르크 제품
등급	D급

일련번호 065

입수일자	1984년 9월
입수장소	이탈리아 로마
입수경위	현지 구입
생산국가	이탈리아
생산연대	현대
재료	토기
등급	C급

일련번호 066

입수일자	1984년 10월
입수장소	스위스
입수경위	현지 구입
생산국가	독일
생산연대	현대
재료	철제
등급	B급

일련번호 067

입수일자	1984년 10월
입수장소	스위스 루가노
입수경위	현지 구입
생산국가	스위스
생산연대	현대
재료	PVC(감색)
등급	C급

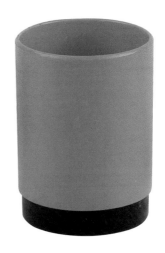

일련번호 068

입수일자	1984년 9월
입수장소	스위스 취리히
입수경위	현지 구입
생산국가	영국
생산연대	현대
재료	백색 본차이나
등급	A급

모양이 특이하다. 아마도 다른 곳에서는 구입하지 못할 것 같다. 운이 좋아 앵무새 한 마리가 내 품에 안겼나 보다.

일련번호 069

입수일자	1984년 10월
입수장소	스위스 취리히
입수경위	현지 구입
생산국가	독일
생산연대	현대
재료	백색 자기
등급	A급

유럽에서 좋은 필통을 구하기란 정말 쉽지가 않다. 대부분 어린이들의 장난감 같은 것들이 많고 귀하고 질 좋은 것들은 잘 보이지 않는다. 그런데 이 독일제 자기 필통은 비교적 정교하게 만들어서 우수하다. 반갑고 기쁜 마음으로 구입했다.

일련번호 070

입수일자	1984년 10월
입수장소	스위스 취리히
입수경위	현지 구입
생산국가	독일
생산연대	현대
재료	백색 자기
등급	C급

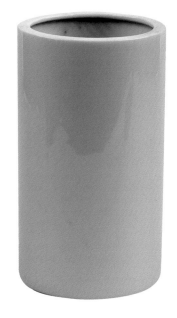

일련번호 071

입수일자	1984년 10월
입수장소	스위스 취리히
입수경위	현지 구입
생산국가	프랑스
생산연대	현대
재료	백자
등급	A급

이것도 아주 귀한 도자기 필통이다. 그림도 재미있고 훌륭하다. 현대 유럽의 필통치고는 최상급으로 평가할 수가 있다. 내가 골프를 좋아하니까. 프랑스 제품이다.

일련번호 072

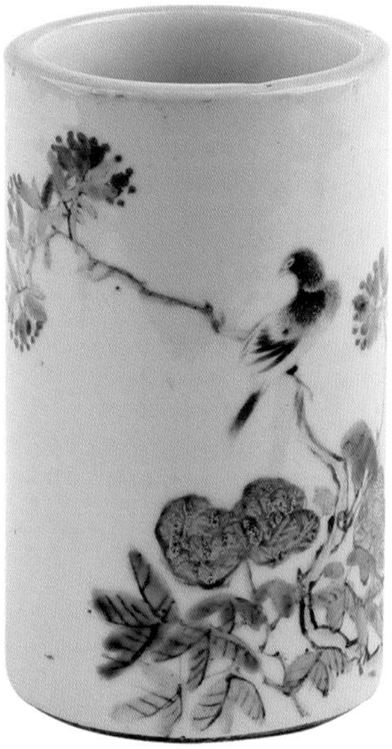

입수일자	1984년 10월
입수장소	스위스 취리히
입수경위	현지 구입
생산국가	중국
생산연대	골동(?)
재료	도자기
등급	A급

스위스 취리히의 한 백화점에서 중국의 고물 도자기 필통을 만났다. 처음에는 약간 흥분된 마음으로 자세히 살펴보았더니 그리 오래된 골동품은 아니고 대략 중국 청대 말엽이나 중화민국 초기의 것으로 보였다. 그러나 어쨌든 그리 흔한 물건은 아닌지라 한 군데서 3개를 몽땅 샀다. 값도 현대 물건보다는 훨신 비쌌지만 그래도 마음만은 그렇게 억울하거나 기분 나쁘지는 않았다. 행운이었다.

일련번호 073

입수일자	1984년 10월
입수장소	스위스 취리히
입수경위	현지 구입
생산국가	중국
생산연대	골동(?)
재료	도자기
등급	A급

일련번호 074

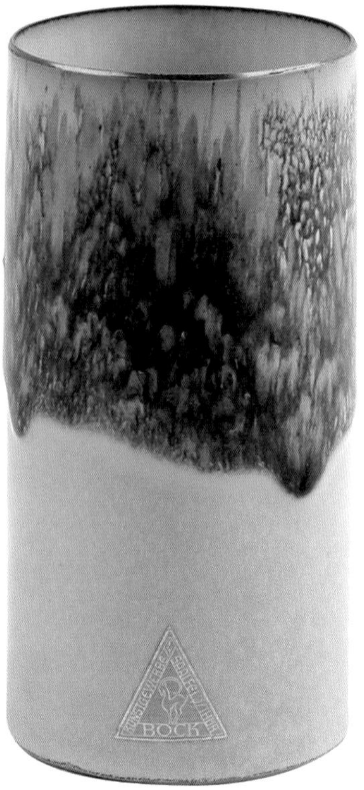

입수일자	1984년 10월
입수장소	스위스 취리히
입수경위	현장 구입
생산국가	스위스
생산연대	약 20세기 초(?)
재료	구리 법랑(세라믹 입힘)
등급	특 A급

이 필통은 스위스의 취리히 시내 호반의 만나기 어려운 한 벼룩시장에서 구입했다. 그것도 가랑비 내리는 파장에서 운 좋게 생각보다 싸게 구입하였고, 우리가 타고 다닌 관광버스가 잠시 쉬는 동안 짧은 자유시간에 한국의 5일장 같은 장마당에서 좌판을 막 거두려는 찰나에 우연히 발견하고 구입한 것이니 그만큼 나에게는 어쩌면 기적 같은 행운이었다. 나의 수집 욕망이 그만큼 강했다고나 할까? 지성이면 감천이라 했던가? 마음속으로 무척이나 기뻤다. 최근에 만든 현대 필통은 아닌 것 같고 적어도 80년 이상의 연륜은 돼 보였다.

일련번호 075

입수일자	1984년 10월
입수장소	스위스 취리히
입수경위	현장 구입
생산국가	스위스
생산연대	현대
재료	목재
등급	C급

일련번호 076

입수일자	1984년 11월
입수장소	한국 충북 수안보
입수경위	현지 구입
생산국가	한국
생산연대	현대
재료	물푸레나무
등급	C급

"心如清水"를 스스로 새김

일련번호 077

입수일자	1984년 11월
입수장소	한국 충북 수안보
입수경위	현장 구입
생산국가	한국
생산연대	현대
재료	목재
등급	C급

일련번호 078

입수일자	1984년 11월
입수장소	한국 서울 여의도 풍년제 때
입수경위	현장 구입
생산국가	한국
생산연대	현대
재료	백자
등급	A급

일련번호 079

입수일자	1985년 2월 16일
입수장소	대만 대북(台北)
입수경위	현지 구입
생산국가	중국
생산연대	골동(?)
재료	회백색 옥
등급	특 A급

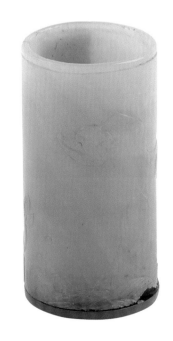

일련번호 080

입수일자	1984년 11월
입수장소	한국 서울 여의도 풍년제 때
입수경위	현장 구입
생산국가	한국
생산연대	현대
재료	백자
등급	C급

일련번호 081

입수일자	1984년 11월
입수장소	한국 서울 여의도 풍년제 때
입수경위	현장 구입
생산국가	한국
생산연대	현대
재료	백자
등급	C급

일련번호 082

입수일자	1984년 11월
입수장소	한국 서울 남대문
입수경위	현장 구입
생산국가	한국
생산연대	현대
재료	철제
등급	B급

일련번호 083

입수일자	1984년 11월
입수장소	한국 서울 남대문
입수경위	현장 구입
생산국가	한국
생산연대	현대
재료	철제
등급	B급

일련번호 084

입수일자	1984년 11월
입수장소	한국 서울 남대문
입수경위	현장 구입
생산국가	한국
생산연대	현대
재료	철제
등급	B급

일련번호 085

입수일자	1984년 12월
입수장소	한국 서울 남대문
입수경위	현장 구입
생산국가	한국
생산연대	현대
재료	목재
등급	B급

"金石同壽" 4 자를 스스로 새겼다. 이렇게 필통으로 다듬어 놓은 원목을 사서 내 솜씨로 새기고 나면 훨씬 뜻 있고 값어치 있는 작품이 된다. 이와 같이 스스로 만들어 놓은 필통도 수십 개는 헤아릴 수가 있을 것이다. 취미로 일삼아 작업해 보았다.

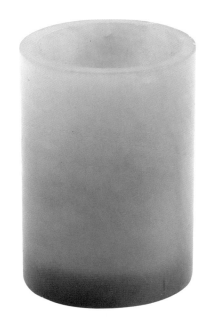

일련번호 086

입수일자	1985년 2월 16일
입수장소	대만 대북(台北)
입수경위	현지 구입
생산국가	중국
생산연대	골동(?)
재료	황백색 옥
등급	특 A급

일련번호 087

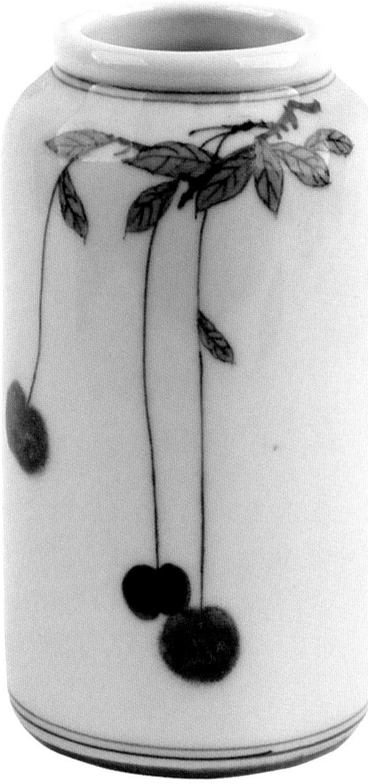

입수일자	1985년 2월 16일
입수장소	대만 대북(台北)
입수경위	현지 구입
생산국가	대만
생산연대	현대
재료	백자
등급	특 A급

이수공(李修功) 씨의 작품으로 모양이 특이하다. 그리고 표면에 그린 그림도 아주 드물게 보는 아름다운 과일의 그림인데 무척 심플하면서도 상큼하다. 내가 대만에 유학을 했고 교환 교수로 두 번에 걸쳐 2년 동안 살아보기도 하였지만 알고 지낸 도예인은 없었다. 그러나 이 작품은 내가 수집하고자 하는 필통이기 때문에 반가운 마음으로 구입하였다.

일련번호 **088**

입수일자	1985년 2월 16일
입수장소	대만 대북(台北)
입수경위	현지 구입
생산국가	대만
생산연대	현대
재료	도자기
등급	B급

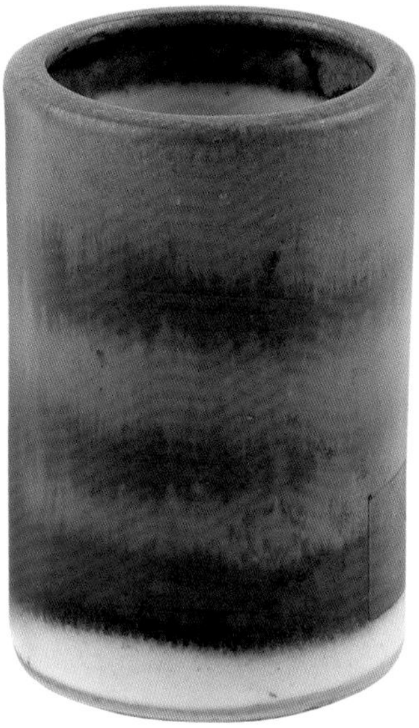

일련번호 **089**

입수일자	1978년 10월
입수장소	대만 대북 목책(木柵) 문구점
생산국가	대만
생산연대	현대
재료	도자기
등급	B급

일련번호 090

입수일자	1985년 2월 20일
입수장소	일본 도쿄
입수경위	현지 구입
생산국가	일본
생산연대	현대
재료	스테인리스 스틸
등급	B급

일련번호 091

입수일자	1985년 2월 15일
입수장소	대만 대북(台北)
입수경위	현지 구입
생산국가	일본
생산연대	1930년대
재료	백통
등급	B급

일본 필통은 당연히 많을 것으로 여겨지는데 실은 그렇지 않고 아주 드물다. 그런데 내가 수집하는 필통 중에 끼어 있으니 이것도 매우 귀한 것으로 취급할 수가 있다. "SEIKA MEIJI"라고 회사의 마크 같은 것도 있다. 질 또한 그리 흔한 철이 아니고 백통이고 형태도 좀 특별하니 더욱 귀한 물건 같다. 아마도 만들어진 지가 60~70년은 훌쩍 넘어 보인다.

일련번호 092

입수일자	1985년 2월 20일
입수장소	일본 도쿄
입수경위	현지 구입
생산국가	일본
생산연대	현대
재료	은색 플라스틱
등급	C급

일련번호 093

입수일자	1985년 2월 20일
입수장소	일본 도쿄
입수경위	현지 구입
생산국가	일본
생산연대	현대
재료	황색 플라스틱
등급	C급

일련번호 094

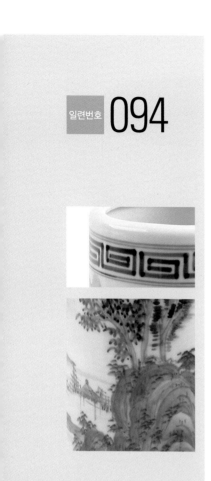

입수일자	1985년 2월 16일
입수장소	대만 대북(台北)
입수경위	현지 구입
생산국가	중국
생산연대	현대
재료	백자
등급	A급

이 백자 필통은 상하부에 무늬가 둘러 있고 중앙에는 옛 미술인들의 산수화를 모방한 그림이 있다. 필통도 그렇지만 산수화가 마음에 든다.

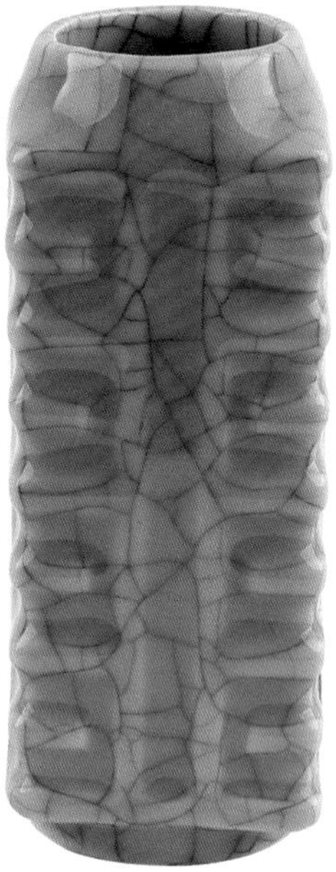

일련번호 095

입수일자	1985년 2월 16일
입수장소	대만 대북(台北)
입수경위	현지 구입
생산국가	중국
생산연대	현대
재료	청자(쑥색)
등급	C급

일련번호 096

입수일자	1984년 12월
입수장소	한국 서울
입수경위	선물 받음
생산국가	한국
생산연대	현대
재료	백자
등급	C급

일련번호 097

입수일자	1992년 9월 25일
입수장소	중국 북경(北京)
입수경위	선물 받음
생산국가	대만
생산연대	현대
재료	갈색 석분(石粉)
등급	C급

일련번호 098

입수일자	1989년 4월 4일
입수장소	대만 팽호도(澎湖島)
입수경위	현지 구입
생산국가	중국
생산연대	현대
재료	적갈색 석분(石粉)
등급	C급

일련번호 099

입수일자	1998년 12월
입수장소	대만 대북시
입수경위	선물 받음
생산국가	대만(?)
생산연대	현대
재료	석분
등급	B급

일련번호 100

입수일자	1985년 3월 26일
입수장소	한국 서울 장안평
입수경위	현장 구입
생산국가	중국(?)
생산연대	현대
재료	쑥색 화강석(?)
등급	B급

일련번호 101

입수일자	1985년 5월 25일
입수장소	대만 대북(台北)
입수경위	현지 구입
생산국가	중국
생산연대	골동(?)
재료	검푸른 색의 옥
등급	A급

일련번호 102

입수일자	1985년 5월 20일
입수장소	대만 대북(台北)
입수경위	현지 구입
생산국가	중국
생산연대	골동(?)
재료	회백색 옥
등급	A급

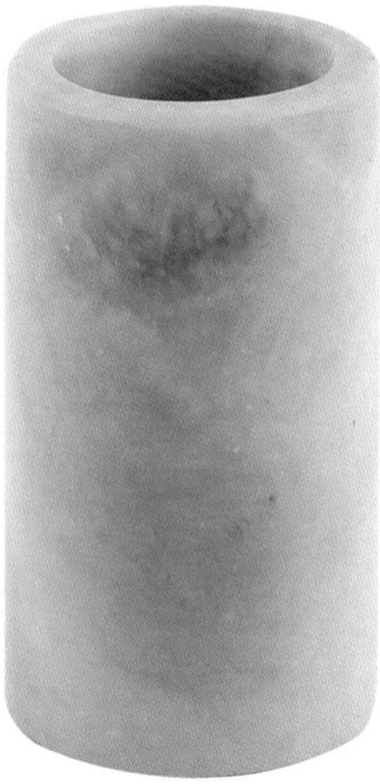

일련번호 103

입수일자	1985년 5월 22일
입수장소	대만 대북(台北)
입수경위	현지 구입
생산국가	중국
생산연대	골동(?)
재료	백녹색의 옥
등급	A급

일련번호 104

입수일자	1985년 5월 26일
입수장소	대만 대북(台北)
입수경위	현지 구입
생산국가	중국
생산연대	청대(?)
재료	짙은 회색 투명한 옥
등급	A급

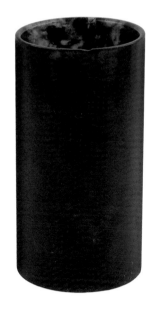

일련번호 105

입수일자	1985년 5월 26일
입수장소	대만 대북(台北)
입수경위	현지 구입
생산국가	대만
생산연대	현대
재료	투명 대리석
등급	B급

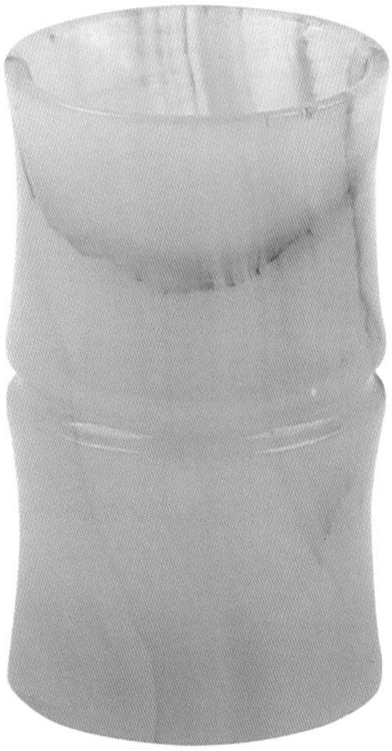

일련번호 106

입수일자	1985년 5월 26일
입수장소	대만 대북(台北)
입수경위	현지 구입
생산국가	중국
생산연대	청말(?)
재료	청화 백자
등급	B급

일련번호 107

입수일자	1985년 5월 26일
입수장소	대만 대북(台北)
입수경위	현지 구입
생산국가	중국
생산연대	현대
재료	백자
등급	B급

일련번호 108

입수일자	1985년 5월 26일
입수장소	대만 대북(台北)
입수경위	현지 구입
생산국가	중국
생산연대	현대(모고품)
재료	백자
등급	A급

일련번호 109

입수일자	1985년 5월 26일
입수장소	대만 대북(台北)
입수경위	현지 구입
생산국가	중국
생산연대	현대
재료	백자
등급	B급

일련번호 110

입수일자	1985년 5월 26일
입수장소	대만 대북(台北)
입수경위	현지 구입
생산국가	중국
생산연대	현대
재료	백자
등급	B급

일련번호 111

입수일자	1985년 5월 26일
입수장소	대만 대북(台北)
입수경위	현지 구입
생산국가	중국
생산연대	현대
재료	녹색 도자기
등급	B급

일련번호 112

입수일자	1985년 5월 26일
입수장소	대만 대북(台北)
입수경위	현지 구매
생산국가	중국
생산연대	현대
재료	백자
등급	B급

일련번호 **113**

입수일자	1984년 9월
입수장소	독일 Loreley
입수경위	현장 구입
생산국가	독일
생산연대	현대
재료	백자
등급	C급

일련번호 **114**

입수일자	1985년 5월 26일
입수장소	대만 대북(台北)
입수경위	현지 구입
생산국가	중국
생산연대	현대
재료	도자기
등급	C급

일련번호 **115**

입수일자	1986년 1월 4일
입수장소	홍콩(Hong Kong) 공항
입수경위	현장 구입
생산국가	중국(?)
생산연대	현대
재료	동제
등급	B급

일련번호 **116**

입수일자	1985년 5월 26일
입수장소	대만 대북(台北)
입수경위	현지 구입
생산국가	중국
생산연대	현대
재료	동제
등급	B급

일련번호 117

입수일자	1985년 5월 26일
입수장소	대만 대북(台北)
입수경위	현지 구입
생산국가	중국
생산연대	현대
재료	대나무
등급	B급

일련번호 118

입수일자	1985년 5월 26일
입수장소	대만 대북(台北)
입수경위	현지 구입
생산국가	대만
생산연대	현대
재료	푸른 회색 자기
등급	C급

일련번호 119

입수일자	1985년 5월 26일
입수장소	대만 대북(台北)
입수경위	현지 구입
생산국가	대만
생산연대	현대
재료	쑥색 도자기
등급	B급

일련번호 120

입수일자	1985년 6월 5일
입수장소	한국 서울 롯데 1번가
입수경위	현장 구입
생산국가	한국
생산연대	현대
재료	백자(도예가의 작품)
등급	특 A급

일련번호 121

입수일자	1985년 6월 15일
입수장소	한국 서울 안국동
입수경위	현장 구입
생산국가	한국
생산연대	현대
재료	목재
등급	C급

일련번호 122

입수일자	1985년 6월 26일
입수장소	한국 충청남도 수덕사(修德寺)
입수경위	현장 구입
생산국가	한국
생산연대	현대
재료	나무
등급	C급

일련번호 123

입수일자	1985년 8월 13일
입수장소	브라질 이구아수 폭포
입수경위	장(張) 부인의 선물
생산국가	브라질
생산연대	현대
재료	목재
등급	A급

일련번호 124

입수일자	1985년 6월 26일
입수장소	한국 충청남도 수덕사(修德寺)
입수경위	현지 구입
생산국가	한국
생산연대	현대
재료	박달나무
등급	C급

일련번호 125

입수일자 1985년 9월 24일
입수장소 한국 김포공항
입수경위 현지 구입
생산국가 한국
생산연대 현대
재료 청자(도예가의 작품)
등급 A급

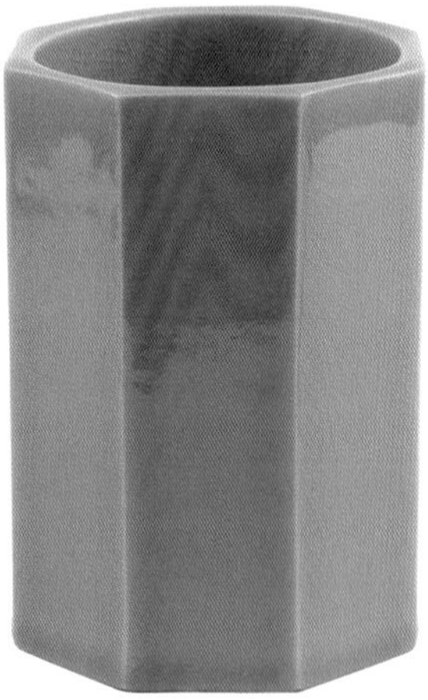

일련번호 126

입수일자 1985년 9월 24일
입수장소 한국 김포공항
입수경위 현장 구입
생산국가 한국
생산연대 현대
재료 청자(도예가의 작품)
등급 A급

일련번호 127

입수일자 1985년 12월 27일
입수장소 대만 대북(台北)
입수경위 현지 구입
생산국가 대만
생산연대 현대
재료 도자기
등급 B급

일련번호 128

입수일자	1985년 10월 9일
입수장소	인도
입수경위	선물 받음
생산국가	인도
생산연대	현대
재료	나무(놋쇠로 나뭇잎 상감)
등급	B급

일련번호 129

입수일자	1990년 8월 1일
입수장소	중국 북경(北京)
입수경위	선물 받음
생산국가	인도
생산연대	현대
재료	나무(놋쇠로 나뭇잎 상감)
등급	B급

일련번호 130

입수일자	1996년 8월 18일
입수장소	한국 서울
입수경위	선물 받음
생산국가	인도
생산연대	현대
재료	나무(국화꽃 상감)
등급	B급

일련번호 131

입수일자	1997년 8월 16일
입수장소	중국 상해(上海) 신세계
입수경위	현장 구입
생산국가	인도
생산연대	현대
재료	나무(나뭇잎 상감)
등급	B급

일련번호 132

입수일자	1985년 12월 29일
입수장소	대만 대북(台北)
입수경위	현지 구입
생산국가	대만
생산연대	현대
재료	갈색 토기
등급	B급

일련번호 133

입수일자	1985년 12월 29일
입수장소	대만 대북(台北)
입수경위	현지 구입
생산국가	중국
생산연대	현대
재료	토기 옹기
등급	B급

일련번호 134

입수일자	1985년 12월 30일
입수장소	대만 대북(台北)
입수경위	현지 구입
생산국가	대만
생산연대	현대
재료	반투명 백색 대리석
등급	B급

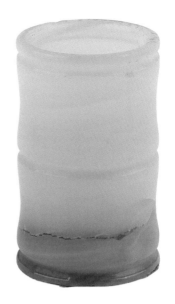

일련번호 135

입수일자	1985년 12월 30일
입수장소	대만 대북(台北)
입수경위	현지 구입
생산국가	대만
생산연대	현대
재료	연두색 대리석
등급	B급

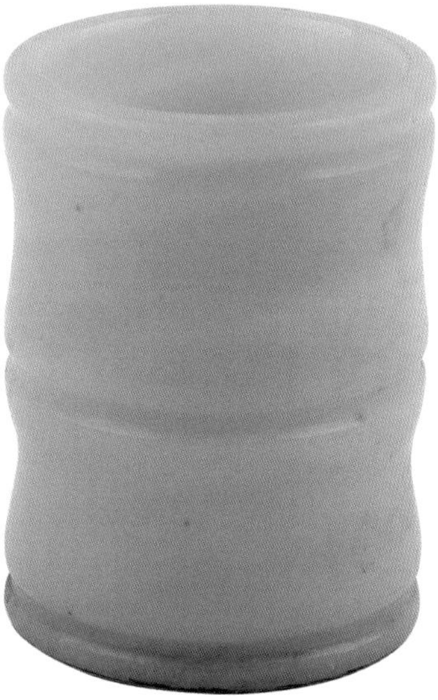

일련번호 136

입수일자	1985년 12월 31일
입수장소	대만 대북(台北)
입수경위	현지 구입
생산국가	대만
생산연대	현대
재료	도자기
등급	C급

일련번호 137

입수일자	1985년 12월 30일
입수장소	대만 대북(台北)
입수경위	현지 구입
생산국가	중국
생산연대	현대
재료	도자기
등급	B급

일련번호 138

입수일자	1985년 12월 30일
입수장소	대만 대북(台北)
입수경위	현지 구입
생산국가	대만
생산연대	현대
재료	도자기
등급	A급

일련번호 139

입수일자	1985년 12월 30일
입수장소	대만 대북(台北)
입수경위	현지 구입
생산국가	중국
생산연대	현대
재료	백색 도자기
등급	B급

일련번호 140

입수일자	1986년 1월 2일
입수장소	홍콩(Hong Kong)
입수경위	현지 구입
생산국가	중국
생산연대	현대
재료	백자
등급	A급

일련번호 141

입수일자	1986년 1월 2일
입수장소	홍콩(Hong Kong)
입수경위	현지 구입
생산국가	중국
생산연대	현대
재료	도자기
등급	A급

일련번호 **142**

입수일자	1986년 1월 2일
입수장소	홍콩(Hong Kong)
입수경위	현지 구입
생산국가	중국
생산연대	현대
재료	구리
등급	B급

일련번호 **143**

입수일자	1986년 1월 2일
입수장소	홍콩(Hong Kong)
입수경위	현지 구입
생산국가	중국
생산연대	현대
재료	백자
등급	A급

일련번호 **144**

입수일자	1986년 1월 2일
입수장소	홍콩(Hong Kong)
입수경위	현지 구입
생산국가	중국
생산연대	현대
재료	토기
등급	C급

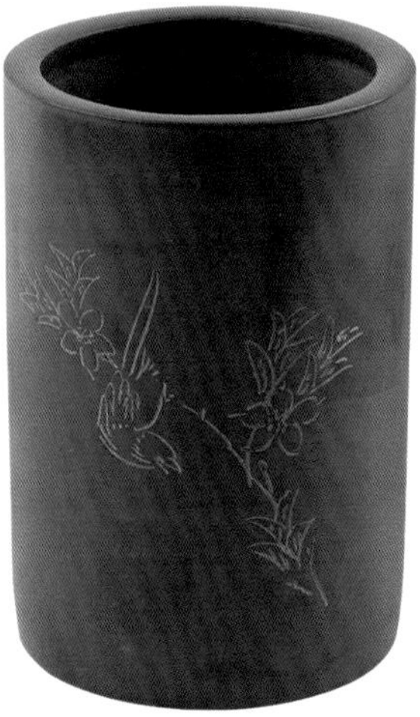

일련번호 **145**

입수일자	1986년 1월 2일
입수장소	홍콩(Hong Kong)
입수경위	현지 구입
생산국가	중국
생산연대	현대
재료	백자
등급	B급

일련번호 **146**

입수일자	1986년 1월 2일
입수장소	홍콩(Hong Kong)
입수경위	현지 구입
생산국가	중국
생산연대	현대
재료	백자
등급	B급

일련번호 147

입수일자	1986년 1월 3일
입수장소	홍콩(Hong Kong)
입수경위	현지 구입
생산국가	중국
생산연대	현대(방고품)
재료	도자기
등급	A급

일련번호 148

입수일자	1986년 7월 9일
입수장소	대만 대북(台北)
입수경위	현지 구입
생산국가	중국
생산연대	현대(방고품)
재료	도자기
등급	A급

일련번호 149

입수일자	1990년 5월 13일
입수장소	대만 대북(台北)
입수경위	현지 구입
생산국가	중국
생산연대	현대 (방고품)
재료	도자기
등급	A급

일련번호 **150**

입수일자	1986년 1월 2일
입수장소	홍콩(Hong Kong)
입수경위	현지 구입
생산국가	중국
생산연대	현대
재료	본차이나(Bone China)
등급	A급

일련번호 **151**

입수일자	1986년 1월 3일
입수장소	홍콩(Hong Kong)
입수경위	현지 구입
생산국가	중국
생산연대	현대
재료	구리
등급	B급

일련번호 **152**

입수일자	1986년 1월 3일
입수장소	홍콩(Hong Kong)
입수경위	현지 구입
생산국가	중국
생산연대	현대
재료	구리
등급	B급

일련번호 153

입수일자	1986년 1월 2일
입수장소	마카오(澳門)
입수경위	현지 구입
생산국가	인도(印度)
생산연대	현대
재료	철제
등급	B급

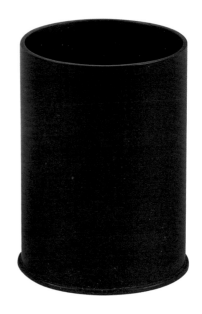

일련번호 154

입수일자	1986년 2월 7일
입수장소	한국 서울
입수경위	이효우 사장의 선물
생산국가	한국
생산연대	현대
재료	모과나무
등급	A급

지금은 이미 작고하신 지 오래 되었지만 우리나라 최상급의 서예가 검여(劍如) 유희강 선생의 글씨를 새겨 놓은 것이 귀하고 훌륭하다. 귀한 선물을 받아서 매우 고맙고 기뻤다. 이효우(李孝友) 사장은 이때 낙원동에서 표구사를 경영하고 있었다.

일련번호 155

입수일자	1986년 2월 15일
입수장소	한국 서울 인사동
입수경위	선물 받음
생산국가	한국
생산연대	현대
재료	적갈색 나무
등급	C급

일련번호 156

입수일자	1986년 1월 20일
입수장소	한국 서울 안국동
입수경위	현장 구입
생산국가	한국
생산연대	현대
재료	나무
등급	A급

한시(漢詩)를 스스로 새겼다.

글씨를 스스로 새기고 보니, 유명한 작품처럼 보인다.

일련번호 157

입수일자	1986년 1월 20일
입수장소	한국 서울 안국동
입수경위	현장 구입
생산국가	한국
생산연대	현대
재료	수입 목재
등급	B급

누구의 그림인지 모르지만 아주 흥미롭고 좋아서 스스로 새겨 보았으나 아주 미완성의 졸작이 되고 말았다.

일련번호 158

입수일자	1986년 4월 10일
입수장소	한국 경기도 임진각
입수경위	현장 구입
생산국가	한국
생산연대	현대
재료	모과나무(?)
등급	A급

대형 자연목 필통. 그냥 무미한 나무토막이었으나 손바람이 나서 몇 글자 새겨서 물건을 만들어 보았으나 별로 만족스럽지는 않다.

일련번호 159

입수일자	1986년 5월 3일
입수장소	한국 춘천
입수경위	현지 구입
생산국가	한국
생산연대	현대
재료	나무
등급	B급

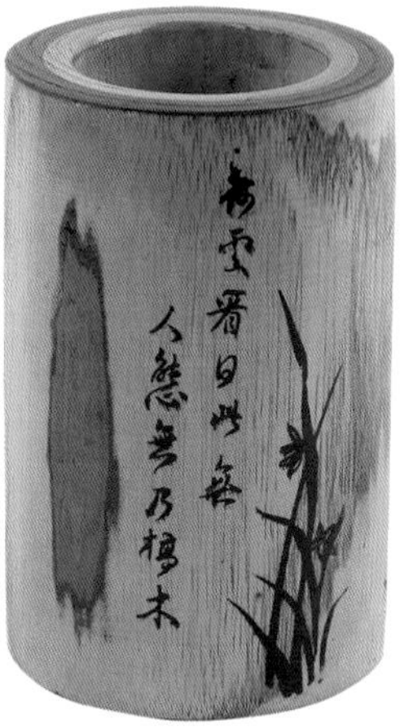

일련번호 160

입수일자	1986년 5월 16일
입수장소	한국 서울 여의도
입수경위	현장 구입
생산국가	한국
생산연대	현대
재료	백자
등급	B급

일련번호 161

입수일자	1986년 7월 9일
입수장소	대만 대북(台北)
입수경위	현지 구입
생산국가	대만
생산연대	현대
재료	고동색 석분(石粉)
등급	B급

일련번호 162

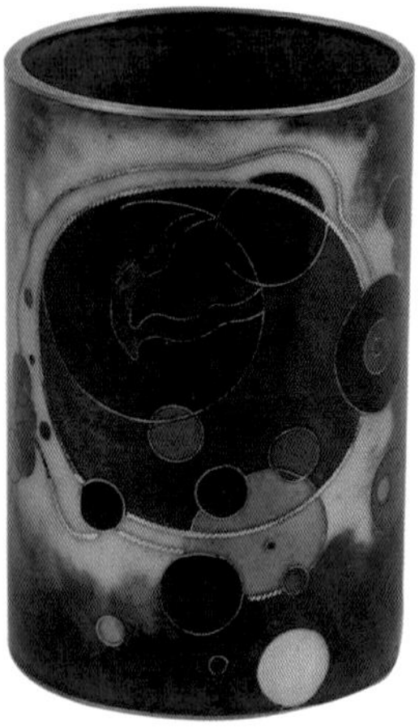

입수일자	1986년 7월 9일
입수장소	대만 대북(台北)
입수경위	현지 구입
생산국가	대만
생산연대	현대
재료	구리(銅製)
등급	B급

일련번호 163

입수일자	1986년 7월 9일
입수장소	대만 대북(台北)
입수경위	현지 구입
생산국가	중국
생산연대	현대
재료	도자기
등급	A급

일련번호 164

입수일자	1986년 8월 15일
입수장소	대만 대북(台北)
입수경위	현지 구입
생산국가	중국
생산연대	현대
재료	도자기
등급	A급

일련번호 **165**

입수일자	1986년 7월 9일
입수장소	대만 대북(台北)
입수경위	현지 구입
생산국가	중국
생산연대	현대
재료	도자기
등급	B급

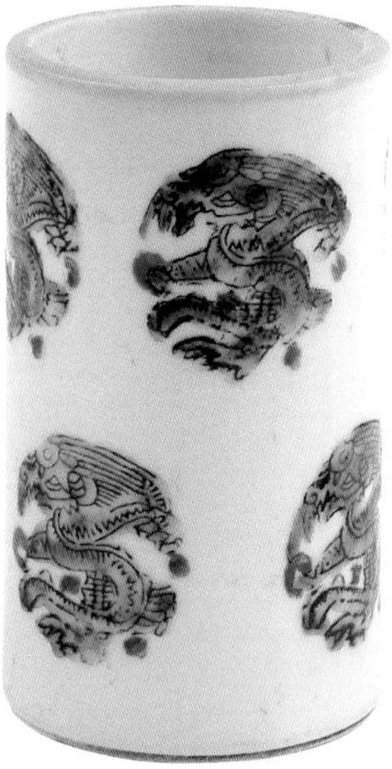

일련번호 **166**

입수일자	1986년 7월 10일
입수장소	대만 대북(台北)
입수경위	현지 구입
생산국가	대만
생산연대	현대
재료	백자
등급	A급

대만 뢰해혜(雷海慧) 씨의 작품

일련번호 167

입수일자 1986년 7월 8일
입수장소 대만 대북(台北)
입수경위 현지 구입
생산국가 대만
생산연대 현대
재료 갈색 도자기
등급 A급

대만 정아득(鄭牙得) 작가의 작품. 필통에 나체 여인이 있는 것은 나로서는 처음 보는 작품이다. 정말 희귀한 물건이고 흥미롭다.

일련번호 168

입수일자 1986년 7월 8일
입수장소 대만 대북(台北)
입수경위 현지 구입
생산국가 대만
생산연대 현대
재료 백자
등급 A급

일련번호 169

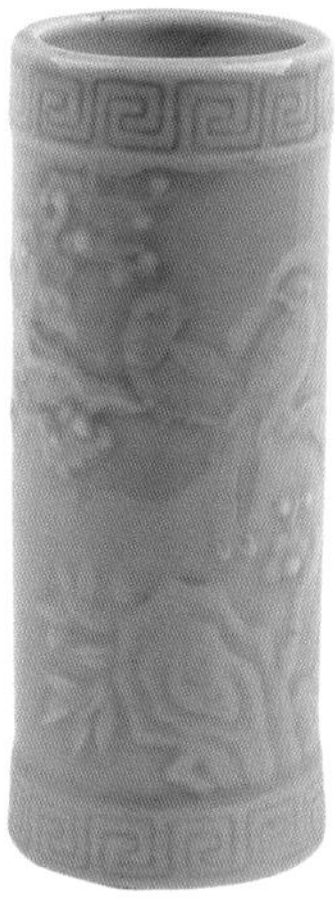

입수일자	1986년 7월 8일
입수장소	대만 대북(台北)
입수경위	현지 구입
생산국가	중국
생산연대	현대
재료	연청색 자기
등급	C급

일련번호 170

입수일자	1986년 7월 8일
입수장소	대만 대북(台北)
입수경위	현지 구입
생산국가	대만
생산연대	현대
재료	연청색 자기
등급	C급

일련번호 171

입수일자	1986년 7월 9일
입수장소	대만 대북(台北)
입수경위	현지 구입
생산국가	대만
생산연대	현대
재료	대나무
등급	C급

일련번호 172

입수일자	1986년 7월 8일
입수장소	대만 대북(台北)
입수경위	현지 구입
생산국가	대만
생산연대	현대
재료	대나무
등급	B급

일련번호 173

입수일자	1986년 7월 8일
입수장소	대만 대북(台北)
입수경위	현지 구입
생산국가	중국
생산연대	현대
재료	철제(鐵製)
등급	B급

일련번호 174

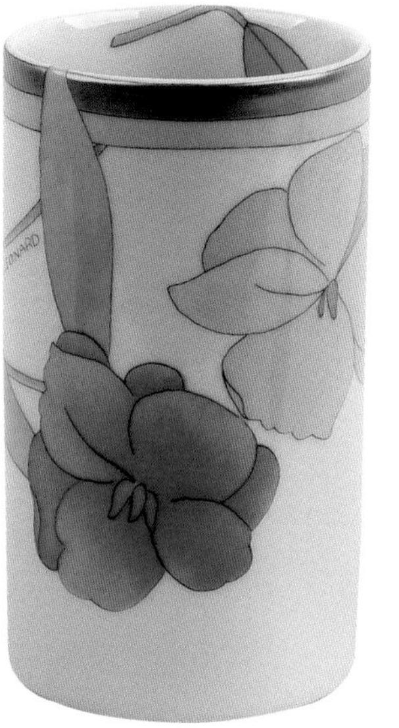

입수일자	1986년 7월 16일
입수장소	독일 본
입수경위	선물 받음
생산국가	독일
생산연대	현대
재료	백자
등급	A급

아주 세련된 도자기. 외면에는 큰 꽃잎이 있고 LEONARD 라는 단어가 있다. 이런 모양의 필통이 독일에서는 아주 보기 드물고 우수한 작품인데 입수하게 되어 매우 기뻤다.

일련번호 175

입수일자	1986년 3월 6일
입수장소	한국 서울
입수경위	어느 제자의 선물
생산국가	한국 밀양
생산연대	현대
재료	백자
등급	A급

마산시 교육회장기 쟁탈 체육대회 기념품

일련번호 176

입수일자	1986년 8월 15일
입수장소	대만 화련(花蓮)
입수경위	현지 구입
생산국가	대만
생산연대	현대
재료	청백색 옥(?)
등급	B급

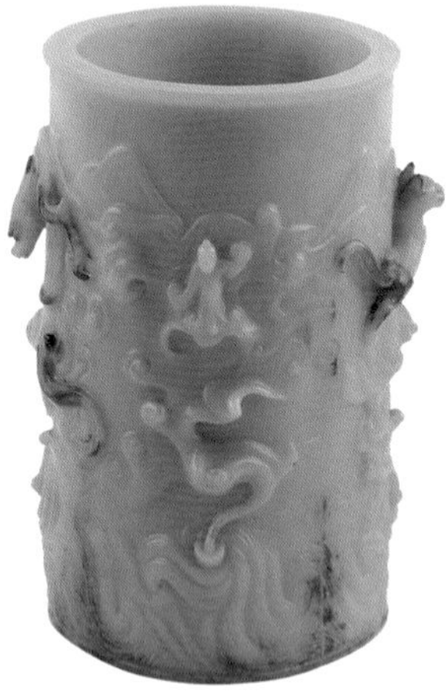

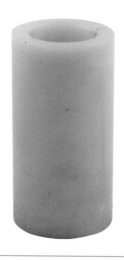

일련번호 177

입수일자	1986년 8월 15일
입수장소	대만 대북(台北)
입수경위	구입
생산국가	대만
생산연대	현대
재료	PVC 미록색
등급	C급

일련번호 178

입수일자	1986년 8월 15일
입수장소	대만 대북(台北)
입수경위	현지 구입
생산국가	대만
생산연대	현대
재료	화문석
등급	B급

일련번호 179

입수일자	1987년 1월 28일
입수장소	홍콩(Hong Kong)
입수경위	현지 구입
생산국가	중국
생산연대	현대
재료	괴목(槐木)
등급	특 A급

특급 필통으로 나무도 좋고 조각이 뛰어나다. 이런 필통은 비록 중국이라 할지라도 만나기가 결코 쉽지 않다. 그러니 마음이 흡족할 수밖에. 필통이 이렇게 아름답게 만들어질 수도 있구나 하는 생각이 들었다.
홍콩은 세계 자유무역항으로 관광객들이 비자 없이 드나들 수 있는 도시다. 모든 상품도 관세를 맥이지 않기 때문에 다른 곳에 비해서 훨씬 싸게 구입할 수 있다. 전자제품, 사진기, 화장품, 의류, 심지어 음식까지도 세계 일류이면서도 그 가격이 저렴하다.

일련번호 180

입수일자	1987년 1월 28일
입수장소	마카오(澳門)
입수경위	현지 구입
생산국가	중국
생산연대	현대
재료	백자
등급	A급

일련번호 181

입수일자	1987년 1월 28일
입수장소	마카오(澳門)
입수경위	현지 구입
생산국가	중국
생산연대	현대
재료	백자
등급	B급

일련번호 182

입수일자	1987년 1월 28일
입수장소	홍콩(Hong Kong)
입수경위	현지 구입
생산국가	중국
생산연대	현대
재료	백자
등급	B급

일련번호 183

입수일자	1987년 1월 28일
입수장소	홍콩(Hong Kong)
입수경위	현지 구입
생산국가	중국
생산연대	현대
재료	백자
등급	B급

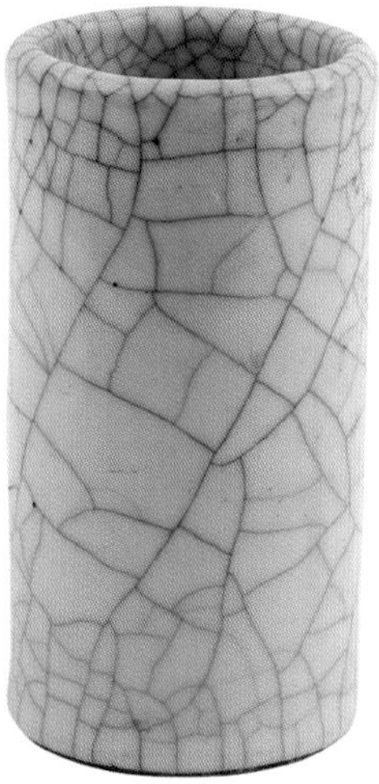

일련번호 184

입수일자	1987년 1월 31일
입수장소	태국 방콕
입수경위	현지 구입
생산국가	태국
생산연대	현대
재료	나무
등급	B급

일련번호 185

입수일자	1987년 1월 31일
입수장소	태국 방콕
입수경위	현지 구입
생산국가	태국
생산연대	현대
재료	도자기
등급	C급

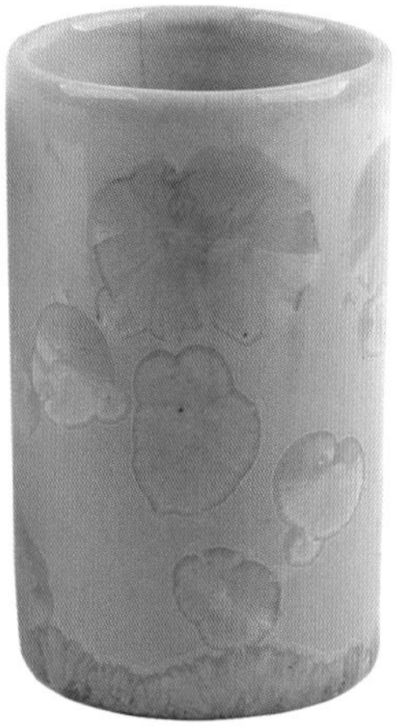

일련번호 186

입수일자	1987년 1월 31일
입수장소	태국 방콕
입수경위	현지 구입
생산국가	태국
생산연대	현대
재료	백자
등급	B급

일련번호 187

입수일자	1978년 10월
입수장소	대만 대북(台北)
입수경위	현지 구입
생산국가	중국
생산연대	현대
재료	흑색 대리석
등급	B급

일련번호 188

입수일자	1987년 1월 31일
입수장소	태국 바타야
입수경위	현지 구입
생산국가	태국
생산연대	현대
재료	나무
등급	C급

일련번호 189

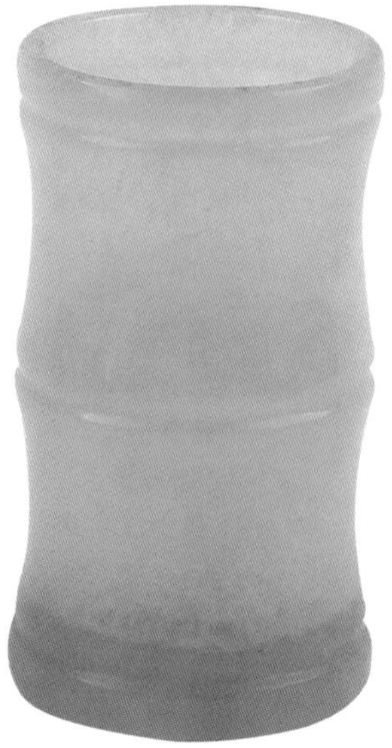

입수일자	1987년 2월 6일
입수장소	대만 화련(花蓮)
입수경위	현장 구입
생산국가	대만
생산연대	현대
재료	감색 대리석
등급	B급

일련번호 190

입수일자	1987년 6월
입수장소	한국 서울
입수경위	선물 받음
생산국가	한국
생산연대	현대
재료	흑색 나무
등급	B급

이화여대 개교 100주년 기념품

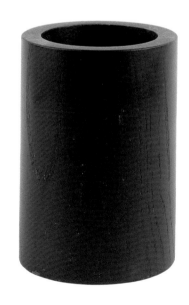

일련번호 191

입수일자	1987년 9월 1일
입수장소	중국 곡부(曲阜)
입수경위	현장 구입
생산국가	중국
생산연대	현대
재료	갈색 나무
등급	특 A급

이 필통은 내가 1987년 8월 중국 대륙에 처음으로 들어갔을 때 구입한 것이다. 그때는 중국이 문호 개방을 막 시작했을 때라 외국인 특히 한국 사람이 입국하기란 여간 어려운 일이 아니었다. 그해 산동성 곡부(曲阜)에서 열리는 유학국제학술토론회에 참가하기 위해서 어렵디 어려운 절차와 수속을 밟고 홍콩에서 여러 날 기다려 겨우 중화인민공화국의 대륙 여행증명서를 얻어서 대륙으로 들어갔다. 일행은 연민 이가원 선생님, 춘곡 이동준 선생님, 고려대학의 윤사순 교수와 더불어 모두 4명이었다. 북경을 거쳐서 기차로 산동성에 있는 곡부에 도착, 궐리빈사(闕里賓舍)에 여장을 풀었다. 회의는 여러 날 계속되었는데 하루는 잠깐 틈을 타서 호텔 안의 매점에 들렀더니 다른 곳에서는 찾아보기 힘든 아주 훌륭한 필통이 있었다. 값은 좀 비싸다 싶었지만 주저하지 않고 바로 2개를 몽땅 샀다. 역시 좋은 필통은 중국에 있었구나 하는 생각을 하면서 사가지고 총총 걸음으로 방으로 돌아와 혼자서 기쁨의 미소를 지으며 감상을 했다

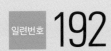

일련번호 192

입수일자	1987년 9월 2일
입수장소	중국 곡부(曲阜)
입수경위	현장 구입
생산국가	중국
생산연대	현대
재료	나무
등급	특 A급

중국 산동성 곡부는 공자가 태어난 곳이다. 그곳에 공자의 후손들이 수백 년 내려오면서 살던 집 즉, 공부(孔府)와 공자의 신위를 모셔 놓은 공묘(孔廟), 그리고 공자의 묘가 있는 공림(孔林)이 있는 곳이기도 하다. 유학국제학술회의가 이곳에서 열리는 뜻도 바로 그런 연유 때문이다.

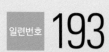

일련번호 193

입수일자	1987년 9월 2일
입수장소	중국 정주(鄭州) 공항
입수경위	현장 구입
생산국가	중국
생산연대	현대
재료	대나무
등급	B급

북경에서 우리 일행이 비행기를 타고 돈황(燉煌)으로 가는 도중 비행기에 주유를 하기 위해서 잠간 정주(鄭州) 비행장에 착륙했다. 이때 공항 면세점에서 이 대나무 필통을 발견하고 급히 구매했다. 잘못하면 비행기 시간을 놓치기 때문이다. A급 상품은 못되고 그렇게 비싸지도 않았지만 그런대로 모양이 좀 특이해서 구매 충동이 생겼다.

정주는 인구 약 800만 이상의 대도시로 하남성의 성도가 있는 곳으로 황하가 가장 넓게 흐르는 곳이기도 하다. 비행기 안에서 내려다보면 무한대의 녹지대에 거대한 황룡이 기어가는 듯한 장관이 펼쳐진다. 그래서 황하의 웅대함을 보려거든 이곳의 전망대에 가서 내려다보라는 말이 있다.

일련번호 194

입수일자	1987년 8월 29일
입수장소	중국 북경 옹화사(雍和寺, 도교의 사원)
입수경위	현장 구입
생산국가	중국
생산연대	현대
재료	놋쇠 제품
등급	A급

일련번호 195

입수일자	1987년 9월 9일
입수장소	중국 서안 자은사(慈恩寺) 대안탑(大雁塔)
입수경위	현장 구입
생산국가	중국
생산연대	현대
재료	놋쇠
등급	A급

재료가 특이하다. 원재료는 놋쇠인데 겉모양은 유리망과 흡사하다. 모양이 특이하고 중급 이상으로 평할 수 있겠다. 이곳 서안 자은사(慈恩寺)는 당대에 건축한 사찰로 현장법사가 서역으로 가서 불경을 가져와 이곳에서 번역작업을 했다고 전한다. 당시 우리나라 신라의 원측법사(圓測法師)도 이 작업에 참여했다고 한다.

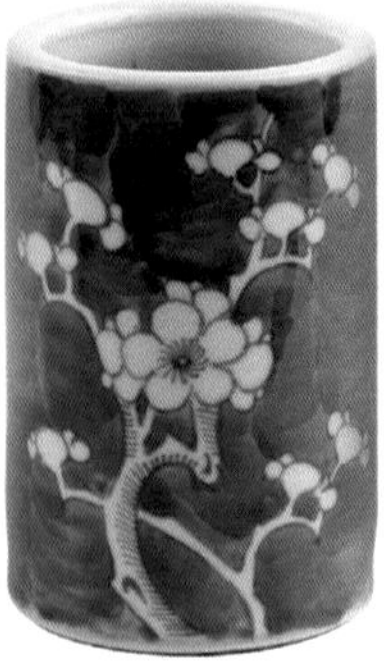

일련번호 196

입수일자	1987년 09월 09일
입수장소	중국 서안(西安)
입수경위	현장 구입
생산국가	중국
생산연대	현대
재료	구리에 법랑
등급	B급

일련번호 197

입수일자	1990년 07월 22일
입수장소	중국 서안(西安)
입수경위	선물 받음
생산국가	중국
생산연대	현대(모고품)
재료	백자
등급	A급

일련번호 198

입수일자	1987년 7월
입수장소	한국 강화도(江華島)
입수경위	현지 구입
생산국가	한국
생산연대	현대
재료	나무
등급	B급

일련번호 199

입수일자	1988년 01월 30일
입수장소	말레이시아 쿠알라룸푸르
입수경위	친구의 선물
생산국가	말레이시아
생산연대	현대
재료	주석 제품
등급	B급

일련번호 200

입수일자	1987년 10월 7일(추석)
입수장소	한국 죽령 고개
입수경위	현장 구입
생산국가	한국
생산연대	현대
재료	참나무
등급	B급

일련번호 201

입수일자	1987년 10월 9일
입수장소	한국 수안보
입수경위	현장 구입
생산국가	한국
생산연대	현대
재료	박달나무
등급	B급

일련번호 202

입수일자	1988년 2월 27일
입수장소	한국 온양 민속박물관
입수경위	현장 구입
생산국가	한국
생산연대	현대
재료	백자
등급	B급

일련번호 203

입수일자	1988년 4월 4일
입수장소	한국 설악산(雪嶽山) 국립공원
입수경위	선물 받음
생산국가	한국
생산연대	현대
재료	엄나무(?)
등급	A급

일련번호 204

입수일자	1988년 08월 05일
입수장소	홍콩
입수경위	선물 받음
생산국가	중국
생산연대	현대
재료	청화 백자
등급	B급

일련번호 205

입수일자	1988년 08월 14일
입수장소	한국 공주
입수경위	현장 구입
생산국가	한국
생산연대	현대
재료	백자
등급	B급

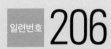

일련번호 206

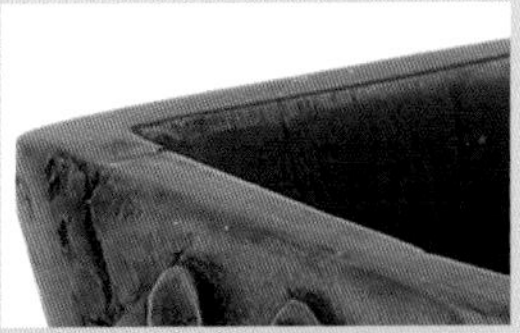

입수일자	1988년 8월 15일
입수장소	한국 충남 마곡사(麻谷寺)
입수경위	현장 구입
생산국가	한국
생산연대	골동품
재료	황양목
등급	특 A급

마곡사를 둘러보고 나오다가 주변의 골동품 가게에서 구입한 것이다. 나무도 좋고 예쁠 뿐만 아니라 굉장히 귀한 필통으로 보였다. 우리나라에서 이런 필통을 발견한 것은 참으로 크나큰 행운이다. 이 필통이 내 눈에 뜨이는 순간 번쩍하고는 눈에서 불이 날 만큼 기쁘고 반가웠다. 우리나라는 필통을 예부터 그렇게 많이 생산하지 않았다. 그래서 어쩌다 남아 있는 골동품은 도자기가 더러 있는데 그 값이 어마어마하게 비싸다. 그리고 현대에 와서는 다소 있지만 이쁘고 아름다운 것은 별로 없다. 그리고 재료로 보아서도 기껏해야 도자기와 나무 정도이다. 그런데 이는 십장생을 잘 조각한 나무로 만든 4각 골동 필통이라 얼마나 흥분했는지 모른다. 소중하게 간직하며 감상하고 있다..

일련번호 207

입수일자 1988년 8월 24일
입수장소 대만 금문도(金門島)
입수경위 선물 받음
생산국가 대만
생산연대 현대
재료 백자
등급 A급

여름방학을 이용해서 대만으로 어학연수를 온 학생의 선물. 금문도는 중국 대륙에 붙어 있다시피한 아주 가까운 섬으로 대만이 점령하고 있는 군사요충지이다. 군인들 뿐만 아니라 섬 주민들도 중공군 포탄의 유효사거리 안에 있기 때문에 대부분 지하 생활을 하고 있다고 한다. 특산물로는 고량주가 특히 유명하다.

일련번호 208

입수일자 1988년 9월 11일
입수장소 한국 서울 롯데 백화점
입수경위 현장 구입
생산국가 필리핀(?)
생산연대 현대
재료 코르크(COLK)
등급 B급

일련번호 209

입수일자	1988년 11월 20일
입수장소	대만 대북(台北) 옥시장
입수경위	현지 구입
생산국가	중국
생산연대	골동(?)
재료	무소뿔(犀角)
등급	특 A급

육각형으로 위에는 테를 두르고, 밑은 정교하게 받침을 조각했다. 그리고 측면에는 아름다운 인물화(선녀상)를 따로 그려 붙여 놓았다. 이런 작품은 중국에서도 그리 많지 않은 귀한 것이라 구입한 마음이 너무 기뻤다. 대북 옥시장에 관해서는 23쪽에 설명이 있다.

일련번호 **210**

입수일자	1988년 11월 24일
입수장소	대만 대북(台北)
입수경위	현지 구입
생산국가	중국
생산연대	현대
재료	도자기
등급	A급

일련번호 **211**

입수일자	1988년 11월 27일
입수장소	대만 대북(台北)
입수경위	현지 구입
생산국가	중국
생산연대	현대
재료	청록색 도자기
등급	A급

일련번호 212

입수일자	1988년 12월 4일
입수장소	대만 대북(台北)
입수경위	현지 구입
생산국가	중국
생산연대	현대
재료	대나무에 달마상
등급	A급

일련번호 213

입수일자	1988년 12월 18일
입수장소	대만 대북(台北)
입수경위	현지 구입
생산국가	중국
생산연대	현대
재료	대나무 뿌리
등급	A급

일련번호 214

입수일자 1988년 12월 11일
입수장소 대만 대북(台北)
입수경위 현지 구입
생산국가 대만
생산연대 현대
재료 백색 대리석
등급 C급

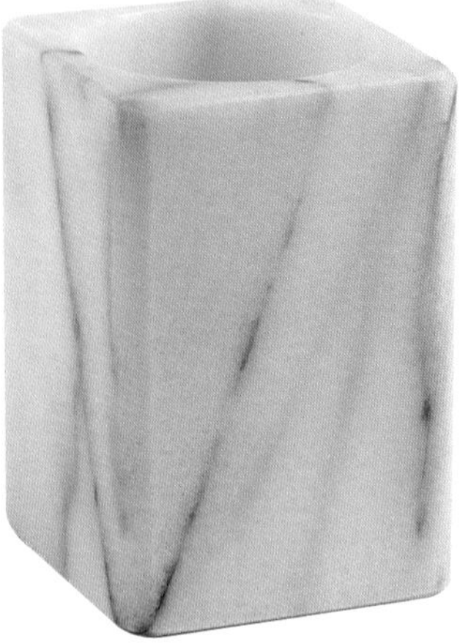

일련번호 215

입수일자 1988년 12월 11일
입수장소 대만 대북(台北)
입수경위 현지 구입
생산국가 대만
생산연대 현대
재료 백송(柏松)
등급 B급
본인 각 12 자

일련번호 216

입수일자 1988년 12월 31일
입수장소 대만 대북(台北) 목책(木柵)
입수경위 현지 구입
생산국가 중국
생산연대 현대
재료 백자
등급 A급

일련번호 217

입수일자	1989년 2월 5일
입수장소	대만 대북(台北)
입수경위	현지 구입
생산국가	중국
생산연대	골동
재료	대나무
등급	A급

일련번호 218

입수일자	1989년 2월 5일
입수장소	대만 대북(台北)
입수경위	현지 구입
생산국가	중국
생산연대	골동(?)
재료	백자
등급	A급

일련번호 219

입수일자	1989년 2월 19일
입수장소	대만 대북(台北)
입수경위	현지 구입
생산국가	중국
생산연대	골동
재료	흑갈색 나무
등급	A급

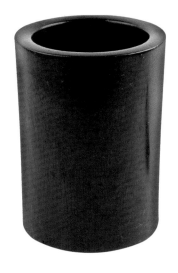

일련번호 220

입수일자	1989년 2월 19일
입수장소	대만 대북(台北)
입수경위	현지 구입
생산국가	대만
생산연대	현대
재료	나무
등급	B급

원목 필통을 사다가 스스로 당나라 왕유(王維)의 한강림범(漢江臨汎) 시를 새겨 보았다.

일련번호 221

입수일자	1989년 2월 23일
입수장소	대만 대북(台北)
입수경위	현지 구입
생산국가	중국
생산연대	민국초년(?)
재료	도자기
등급	A급

일련번호 222

입수일자	1989년 3월 5일
입수장소	대만 대북(台北)
입수경위	현지 구입
생산국가	중국
생산연대	골동(?)
재료	나무
등급	A급

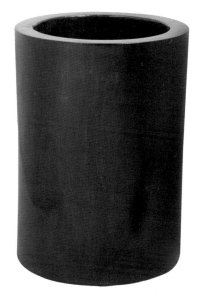

일련번호 223

입수일자	1989년 2월 26일
입수장소	대만 대북(台北)
입수경위	현장 구입
생산국가	중국
생산연대	현대
재료	흑단목(黑檀木)
등급	A급

흑단목은 물에 가라앉는 나무이다. 그래서 무척 귀한데 그렇지만 그냥 그대로는 별로 귀중하지 않다. 그래서 나는 그 모진 나무에 스스로 '萬壽無疆' 4자를 새겨 보았더니 훨신 값지고 보기에도 아주 귀한 물건처럼 보였다.

일련번호 224

입수일자	1989년 3월 6일
입수장소	대만 대북(台北)
입수경위	현지 구입
생산국가	대만
생산연대	현대
재료	대나무
등급	A급

당 원진(元稹)은 백낙천(白樂天)과 더불어 중당(中唐) 시대를 대표하는 시인으로 흔히 '원백'으로 호칭되는 쌍벽의 문호이다. '앵앵전(鶯鶯傳)'은 원진의 자서식 전기소설(傳奇小說)로 일류급에 속하는 작품이다. 이 소설에 나오는 "달 뜨길 기다려 서쪽 행랑으로 나서서, 바람을 맞으려 문을 열어 놓았네, 담벽을 쓸 듯이 움직이는 꽃 그림자에 행여나 님이 오신 게 아닌가?(待月西廂下 迎風戶半開, 拂墻花影動 疑是玉人來.)" 라고 읊은 시는 제목이 '明月三五夜' 로 여주인공 앵앵이 달밤에 애인을 기다리는 심정을 애절하게 묘사해서 시녀를 통해서 애인에게 전한 연애시이다. 시의 내용이 너무도 리얼하고 사람의 감정을 움직이는 바가 있어서 감히 스스로 새겨 보았으나 시의 내용에 비해서 새긴 솜씨가 영 수준 미달인 것 같다.

일련번호 225

입수일자	1989년 3월 11일
입수장소	대만 대북(台北)
입수경위	현지 구입
생산국가	중국
생산연대	현대
재료	대나무
등급	A급

일련번호 226

입수일자	1989년 3월 11일
입수장소	대만 대북(台北)
입수경위	현지 구입
생산국가	중국
생산연대	현대
재료	흑단목(黑檀木)
등급	A급

일련번호 227

입수일자	1989년 4월 3일
입수장소	대만 팽호도(澎湖島)
입수경위	현지 구입
생산국가	대만
생산연대	현대
재료	대나무
등급	B급

대나무는 팽호도에서 구입했고, 외면의 논어(論魚) 학이편(學而篇)의 문구는 스스로 새겼음.

일련번호 228

입수일자	1989년 4월 8일
입수장소	대만 대북(台北)
입수경위	현지 구입
생산국가	대만
생산연대	현대
재료	자연 남자목(楠子木)
등급	B급

'鄉園情' '樂琴書以消憂' 아홉 개 글자를 스스로 새겼음. 원목은 대만 산.

일련번호 229

입수일자 1989년 4월 9일
입수장소 대만 대북(台北)
입수경위 현지 구입
생산국가 중국
생산연대 현대
재료 대나무
등급 B급

일련번호 230

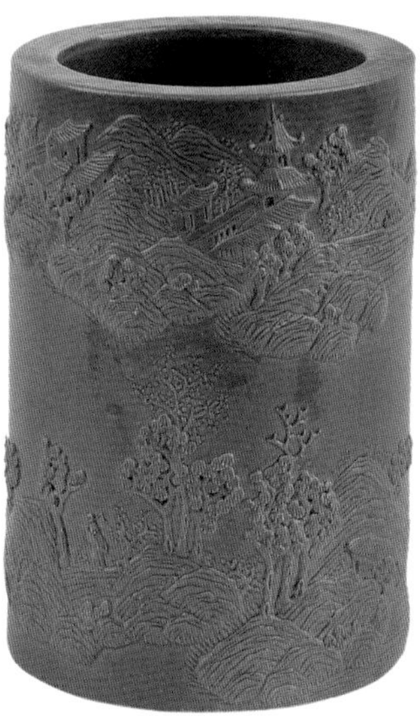

입수일자 1989년 5월 7일
입수장소 대만 대북(台北)
입수경위 현지 구입
생산국가 중국
생산연대 현대 (모고품)
재료 도자기
등급 B급

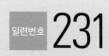

일련번호 231

입수일자	2000년 1월 18일
입수장소	중국 해남도(海南島)
입수경위	현지 구입
생산국가	중국
생산연대	현대
재료	흑갈색 무소뿔
등급	A급

친구 야송 변봉석 사장의 선물. 나는 야송 그리고 김여장 사장과 더불어 영주농업고등학교의 세 동문들이 처음으로 중국 해남도로 관광 여행을 갔었다. 이곳에서도 여러 점의 필통을 구입해 왔다. 해남도는 대만과 더불어 중국 남해에 있는 큰 두 섬으로 중국 정부에서 현재는 미국의 하와이를 본떠서 국제 관광지로 개발하고 있다. 온천과 해산물이 풍부해서 지금도 각종 국제 회의가 이곳에서 개최되고 있다.

일련번호 232

입수일자	1998년 5월 4일
입수장소	북한 평양(平壤)
입수경위	현지 구입
생산국가	중국(?)
생산연대	현대
재료	무소뿔(犀角)
등급	A급

일련번호 233

입수일자	1989년 6월 2일
입수장소	대만 대북(台北)
입수경위	현장 구입
생산국가	중국
생산연대	현대
재료	무소뿔
등급	B급

"江入大荒海" 5자 양면 각자. 받침도 있음

일련번호 234

입수일자	1997년 7월 12일
입수장소	헝가리 부타페스트
입수경위	현지 구입
생산국가	헝가리
생산연대	현대
재료	무소뿔
등급	B급

일련번호 235

입수일자	1989년 6월 13일
입수장소	대만 대북(台北)
입수경위	현지 구입
생산국가	중국
생산연대	현대
재료	무소뿔
등급	A급

"開卷有益" 4 글자를 스스로 새겼음.

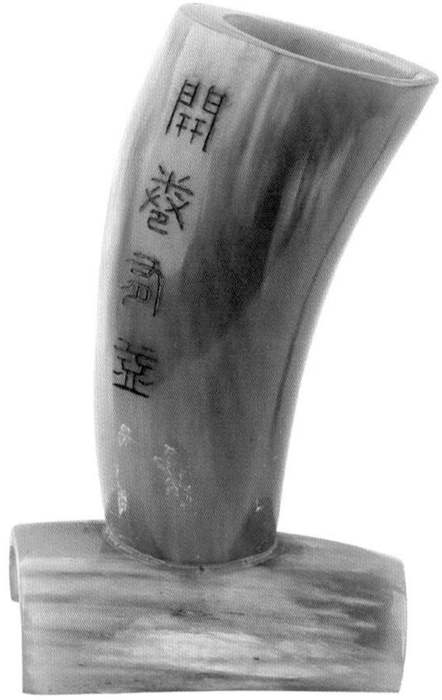

일련번호 **236**

입수일자	1988년 10월
입수장소	중국 북경(北京)
입수경위	현지 구입
생산국가	중국
생산연대	현대
자재	무소뿔
등급	특 A급

"存君子心, 行丈夫事" 8자를 스스로 새김

일련번호 **237**

입수일자	1989년 6월 18일
입수장소	대만 대북(台北)
입수경위	현지 구입
생산국가	중국
생산연대	현대
재료	검은 색 무소뿔
등급	B급

일련번호 238

입수일자	1989년 6월 13일
입수장소	대만 대북(台北)
입수경위	현지 구입
생산국가	중국
생산연대	현재
재료	홍목
등급	A급

일련번호 239

입수일자	1989년 6월 13일
입수장소	대만 대북(台北)
입수경위	현지 구입
생산국가	중국
생산연대	현대 모고품(模古)
재료	도자기 분채(粉彩)
등급	A급

일련번호 **240**

입수일자	1989년 6월 18일
입수장소	대만 대북(台北)
입수경위	현지 구입
생산국가	중국
생산연대	골동
재료	나무
등급	특 A급

"悟已往之不諫 知來者之可追" 중국 동진의 문호 도연명(陶淵明)의 귀거래사(歸去來辭)에 나오는 12글자를 스스로 새겨놓고 보니 더 훌륭한 작품이 된 것 같아 마음이 흡족했다.

귀거래사는 작자가 낮은 지방 벼슬을 던져버리고 전원(田園)으로 돌아가면서 스스로의 심정을 읊은 최고의 명문으로 예부터 우리나라에도 널리 알려진 일종의 낙향문(落鄕文)의 대명사라고도 할 수 있다.

일련번호 **241**

입수일자	1989년 6월 18일
입수장소	대만 대북(台北)
입수경위	현지 구입
생산국가	중국
생산연대	골동(?)
재료	목재
등급	B급

일련번호 **242**

입수일자	1989년 6월 18일
입수장소	대만 대북(台北)
입수경위	현지 구입
생산국가	중국
생산연대	현대 방고품(倣古品)
재료	도자기
등급	A급

일련번호 243

입수일자	1989년 7월 2일
입수장소	대만 대북(台北)
입수경위	선물 받음
생산국가	중국
생산연대	현대
재료	놋쇠
등급	B급

일련번호 244

입수일자	1989년 8월 5일
입수장소	대만 대북(台北)
입수경위	현지 구입
생산국가	중국
생산연대	현대
재료	황양목
등급	A급

일련번호 245

입수일자	1988년 10월 30일
입수장소	대만 대북(台北)
입수경위	현지 구입
생산국가	중국
생산연대	현대
재료	대나무(3각)
등급	A급

일련번호 246

입수일자	1988년 10월 30일
입수장소	대만 대북(台北)
입수경위	현지 구입
생산국가	중국
생산연대	현대
재료	나무(楠子木)
등급	A급

일련번호 247

입수일자	1989년 9월 1일
입수장소	가봉
입수경위	선물 받음
생산국가	우루과이
생산연대	현대
재료	소가죽
등급	C급

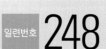

일련번호 248

입수일자	1989년 10월 5일
입수장소	중국 북경(北京)
입수경위	현지 구입
생산국가	중국
생산연대	현대
재료	구리 유기(鍮器)
등급	A급

일련번호 249

입수일자	1989년 10월 9일
입수장소	중국 북경(北京)
입수경위	현지 구입
생산국가	중국
생산연대	현대
재료	동유기(銅鍮器)
등급	B급

일련번호 250

입수일자	1989년 10월 6일
입수장소	중국 북경(北京)
입수경위	현지 구입
생산국가	중국
생산연대	현대
재료	유기
등급	B급

일련번호 251

입수일자	1989년 10월 10일
입수장소	중국 북경(北京)
입수경위	현지 구입
생산국가	중국
생산연대	현대
재료	대나무
등급	B급

일련번호 252

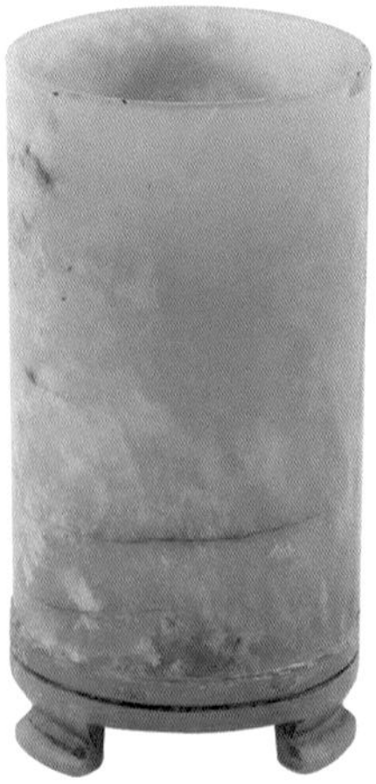

입수일자	1989년 10월 10일
입수장소	중국 북경(北京)
입수경위	현지 구입
생산국가	중국
생산연대	골동(?)
재료	연옥
등급	A급

일련번호 253

입수일자	1989년 10월 10일
입수장소	중국 북경(北京)
입수경위	현지 구입
생산국가	중국
생산연대	현대
재료	방고(倣古) 도자기
등급	B급

일련번호 254

입수일자	1989년 10월 9일
입수장소	중국 제남(濟南)
입수경위	현지 구입
생산국가	중국
생산연대	현대
재료	니산석(泥山石)
등급	특 A급

일련번호 255

입수일자	1989년 10월 7일
입수장소	중국 북경(北京)
입수경위	현지 구입
생산국가	중국
생산연대	현대
재료	도자기
등급	B급

일련번호 256

입수일자	1989년 10월 13일
입수장소	중국 돈황(敦煌)
입수경위	현지 구입
생산국가	중국
생산연대	골동(?)
재료	도자기
등급	A급

둔황(燉煌)은 옛날 중국과 유럽이 교역을 할 당시의 이른바 '비단길'에 위치한 오아시스다. 천불동 막고굴이 유명하다. 대나무 그림과 "竹根之多" 4 글자가 쓰여 있다.

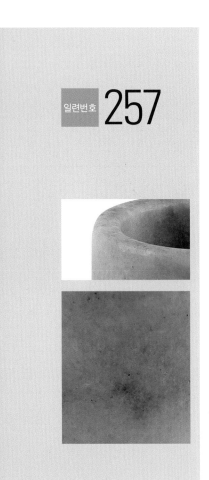

일련번호 257

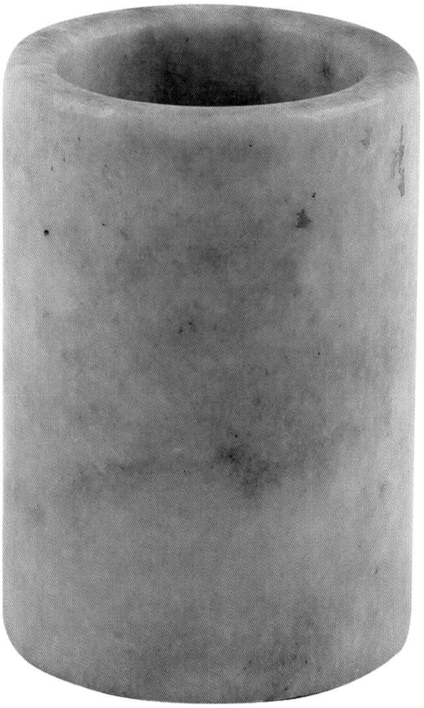

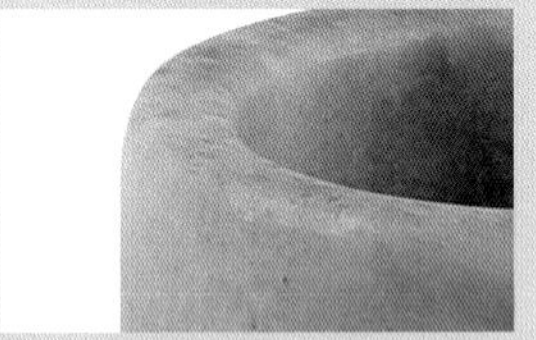

입수일자	1989년 10월 13일
입수장소	중국 돈황(敦煌)
입수경위	현지 구입
생산국가	중국
생산연대	현대
재료	회백색 화강석(?)
등급	B급

중국 옛 실크로드의 중간에 있는 돈황(燉煌), 그곳은 오아시스이다. 사방이 사막으로 둘러싸여 있고 인구는 약 10만이라고 하니 보기보다는 제법 큰 도시다. 이곳에 저 유명한 천불동(千佛洞) 막고굴(莫高窟)이 있다. 옛날에는 약 500개가 훨신 넘는 불동(佛洞)이 있었을 것으로 추측되지만 지금은 400여 개만이 남아있다. 중국 진(晉) 나라로부터 서하(西河) 시대에 이르는 약 1000년 동안 이 붉은 진흙산 벽을 뚫어 진흙 불상을 모셔 놓았지만 워낙 건조한 지방이라 오랜 세월에도 변하지 않았다. 그중에서는 장경굴(藏經窟)이 유명하고 여기서 변문(變文)이라 일컫는 5만 권에 달하는 당송시대의 역사적 문건이 무더기로 발견되었다. 당시 동서양의 역사 고고학자들이 발 빠르게 진품을 골라서 헐값으로 사 가서 현재 대영박물관이나 루브르박물관에 많이 소장되어 있다.
이곳에서 구입한 필통이 그래서 나에게는 더욱더 뜻깊고 소중하다.

일련번호 258

입수일자	1989년 10월 13일
입수장소	중국 돈황(敦煌)
입수경위	현지 구입
생산국가	중국
생산연대	현대
재료	검푸른 색의 옥
등급	B급

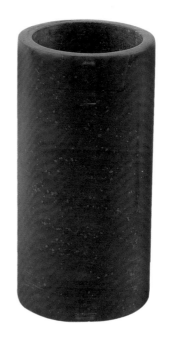

일련번호 259

입수일자	1989년 10월 13일
입수장소	중국 돈황(敦煌)
입수경위	현지 구입
생산국가	중국
생산연대	현대
재료	검푸른 옥
등급	B급

일련번호 260

입수일자	1997년 8월 15일
입수장소	중국 상해(上海) 임시정부 터
입수경위	현장 구입
생산국가	중국
생산연대	현대
재료	홍목(紅木)
등급	특 A급

중국 상하이(上海)에는 일제강점기 시대에 우리 우국지사들이 세운 임시정부가 사무실로 사용했었다고 하는 집터가 있다. 상해시 마당로(馬當路)에 있는 그곳에 지금은 중국의 어느 한 시민이 약간의 세금을 중국 정부에 내고 살고 있다. 아주 낡고도 좁은 3층짜리 연립 아파트였다. 그런데 몇 년 뒤에 다시 가보았더니 말끔히 잘 정리되어 있었다. 임정 요인들이 사용하던 사무실 용기들이나 김구 선생이 사용하였다는 책상이나 그 당시의 기념사진 등등으로 잘 정돈되어 있었다. 그리고 간단한 기념품을 파는 코너도 있었다. 거기서 나는 일제 강점기에 해외에서 목숨을 걸고 조국의 주권 회복을 위해 일하던 애국 독립투사들을 생각하면서 김구 선생의 친필을 넣어서 만든 이 필통을 샀다. 무척 뜻 있고 감동적인 순간이었다.

일련번호 261

입수일자 2003년
입수장소 중국 상해(上海) 대한민국 임시정부
입수경위 현장 구입
생산국가 중국
생산연대 현대
재료 청백색 유리
등급 A급

“獨立精神” 김구 선생의 글씨

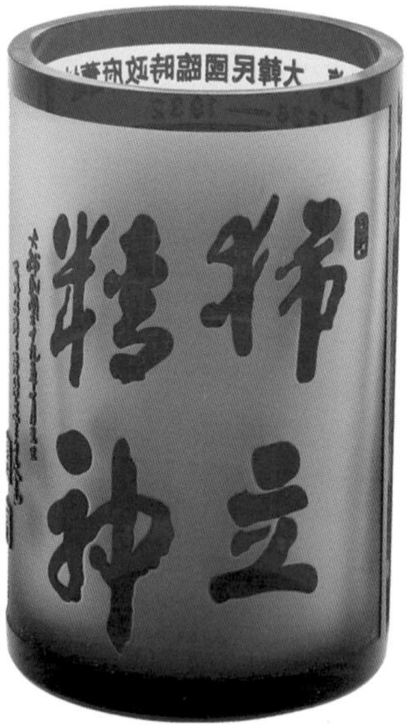

일련번호 262

입수일자 1989년 10월 15일
입수장소 중국 상해(上海)
입수경위 현지 구입
생산국가 중국
생산연대 현대
재료 홍목
등급 A급

“覺今是而昨非” 6글자 자개 상감

일련번호 263

- 입수일자 1992년 11월 10일
- 입수장소 중국 하문(廈門)
- 입수경위 현장 구입
- 생산국가 중국
- 생산연대 현대
- 재료 홍목
- 등급 특 A급

일련번호 264

- 입수일자 1988년 12월 4일
- 입수장소 대만 대북(台北)
- 입수경위 현지 구입
- 생산국가 중국
- 생산연대 현대
- 재료 홍목
- 등급 A급

일련번호 265

- 입수일자 1989년 4월 29일
- 입수장소 대만 대북(台北)
- 입수경위 현지 구입
- 생산국가 중국
- 생산연대 현대
- 재료 홍목
- 등급 A급

일련번호 266

입수일자	1989년 4월 29일
입수장소	대만 대북(台北)
입수경위	현지 구입
생산국가	중국
생산연대	현대
재료	홍목
등급	A급

일련번호 267

입수일자	1989년 10월 16일
입수장소	중국 상해(上海)
입수경위	현지 구입
생산국가	중국
생산연대	현대
재료	홍목
등급	B급

일련번호 268

입수일자	1989년 10월 26일
입수장소	중국 하얼빈
입수경위	선물 받음
생산국가	중국
생산연대	현대
재료	자단(紫檀)
등급	B급

일련번호 269

입수일자	1989년 12월 19일
입수장소	한국 충북 수안보
입수경위	현지 구입
생산국가	중국
생산연대	현대
재료	죽제
등급	C급

일련번호 270

입수일자	1990년 2월 26일
입수장소	한국 충북 수안보
입수경위	현지 구입
생산국가	한국
생산연대	현대
재료	나무
등급	C급

일련번호 271

입수일자	1990년 4월 15일
입수장소	한국 신철원 고석정(孤石亭)
입수경위	현지 구입
생산국가	한국
생산연대	현대
재료	참나무
등급	A급

"인의예지 효제충신(仁義禮智 孝悌忠信)" 8글자와 넷 선비 상을 스스로 새겨 보았다. 그냥 나무통으로 있을 때는 별로 귀한 것이 아니었지만 글씨와 선비 상을 새기고 나서는 이 세상에 하나밖에 없는 귀한 물건이 된 것 같았다.

일련번호 272

입수일자	1990년 4월 15일
입수장소	신철원 고석정(孤石亭)
입수경위	현지 구입
생산국가	한국
생산연대	현대
재료	고동색 참나무
등급	C급

일련번호 273

입수일자	1990년 4월 15일
입수장소	한국 신철원 고석정(孤石亭)
입수경위	현지 구입
생산국가	한국
생산연대	현대
재료	향목
등급	B급

"香祖" 두 글자를 새겨 놓고 보니 훨신 돋보인다. 향조란 난초를 뜻한다. 그만큼 예로부터 글하는 선비들이 제일로 치던 향기가 바로 난초 꽃의 향기였다.

일련번호 274

입수일자	1990년 5월 13일
입수장소	대만 대북(台北)
입수경위	현지 구입
생산국가	중국
생산연대	민국 초
재료	도자기
등급	A급

일련번호 **275**

입수일자	1990년 6월 4일
입수장소	대만 대북(台北)
입수경위	현지 구입
생산국가	대만
생산연대	현대
재료	대나무
등급	A급

스스로 "見素抱樸" 네 글자를 새겨 넣었다. 뜻은 "항상 소박함을 속으로 지니고, 겉으로 나타내서 보인다"라는 뜻으로 노자에 나오는 명구이다. 사람의 마음은 언제나 순박하고 겸손해야 한다. 나는 이 문구를 무척 좋아한다. 그래서 스스로 새겨 놓고 보니 내 마음도 더 순박해진 듯 하고 값어치도 훨씬 돋보인다.

일련번호 **276**

입수일자	1990년 5월 27일
입수장소	한국 경주 불국사
입수경위	현지 구입
생산국가	한국
생산연대	현대
재료	대나무
등급	C급

일련번호 277

입수일자	1990년 7월 20일
입수장소	중국 서안(西安) 진시황릉 앞
입수경위	현지 구입
생산국가	중국
생산연대	현대 작품
재료	질 낮은 벽옥(碧玉)
등급	특 A급

중국 진(秦)나라는 기원전 246년에서 207년까지 39년간 처음으로 중국 천하를 통일해서 통치하던 나라이다. 수도는 함안(咸安) 지금의 서안(西安) 근처이다. 중국 고대의 가장 강했던 군사 대국으로 시황으로부터 2세 3세에 이르기까지 이어졌다. 그 서안 고도에는 진시황의 무덤이 있고 그 언저리 지하엔 시황이 거느렸던 호위 병사들 수천 명과 병마와 병차들이 매장되어 있었는데 그것을 발굴해서 박물관으로 조성해 놓은 진시황지하병마용박물관(秦始皇地下兵馬俑博物館)이 있다. 현재 중국뿐만 아니라 전 세계에서도 이름난 관광지로 인기가 높다. 지금도 중국을 영문으로 'China'라고 쓰고 있는 것은 바로 '진'이라는 음에서 온 이름이다.

진시황의 무덤은 작은 야산만큼 높다. 한번 도굴된 적이 있다고 하는데 아직 발굴은 하지 않고 있다. 그 앞에서 보따리 상인들이 좌판을 벌여 놓고 장사를 하고 있었다. 거기서 우연히 이 붉은 진흙이 묻어있는 옥필통을 발견하고 기쁜 마음으로 사게 되었다

일련번호 278

입수일자	1990년 7월 19일
입수장소	중국 북경(北京) 유리창(琉璃廠)
입수경위	현지 구입
생산국가	중국
생산연대	민국초엽(?)
재료	백자
등급	A급

일련번호 279

입수일자	1990년 7월 20일
입수장소	중국 북경(北京)
입수경위	신관결(辛冠潔) 님의 선물
생산국가	중국
생산연대	청대 골동
재료	죽제
등급	특 A급

신관결 씨는 당시 중국 공자학회 부회장으로 왕년에는 스위스 주재 중국대사를 역임한 분이다. 중국 발음으로는 신관지에(Xin Guan Jie)라고 부른다. 내가 처음으로 중국을 방문했을 때부터 친하게 지냈으며 편지 내왕도 많이 했다. 언제인가 북경에서 만났을 때 내가 필통 수집을 하고 있다는 이야기를 듣더니 자기 집에서 보관하고 있던 골동품 대나무 필통 하나와 조그마한 징니연(澄泥硯) 벼루를 가지고 와서 선물로 주었다. 나도 답례로 홍삼을 선물로 드렸다. 너무도 기쁘고 고마웠다. 나에게는 영원히 잊지 못할 기념품이 될 것이다.

일련번호 280

입수일자	1990년 7월 12일
입수장소	중국 항주(杭州)
입수경위	현지 구입
생산국가	중국
생산연대	현대
재료	홍목
등급	B급

항주에는 아름다운 서호(西湖)가 있고 예부터 소주(蘇州)와 더불어 풍광이 명미(明媚)해서 미인이 많은 도시로 유명하다. 그래서 하늘에는 천당이 있고 땅에는 소주 항주가 있다는 말이 전하는 유명한 관광지이다.

일련번호 281

입수일자	1990년 7월 14일
입수장소	중국 항주(杭州)
입수경위	현지 구입
생산국가	중국
생산연대	현대 작품
재료	죽제
등급	B급

조각이 재미있어서 시간 가는 줄 모르고 온종일 들여다보면서 감상했다.

일련번호 282

입수일자	1990년 7월 20일
입수장소	중국 북경(北京) 유리창(琉璃廠)
입수경위	현지 구입
생산국가	중국
생산연대	현대
재료	목재
등급	B급

유리창은 북경에 있는 예부터 내려오는 중국 최고(最古)의 골동품 거리인데 조선시대 우리나라의 많은 사람들이 이곳을 드나들었던 곳이다.

일련번호 283

입수일자	1990년 7월 17일
입수장소	중국 태안(泰安)
입수경위	현지 구입
생산국가	중국
생산연대	청말(?)
재료	도자기
등급	B급

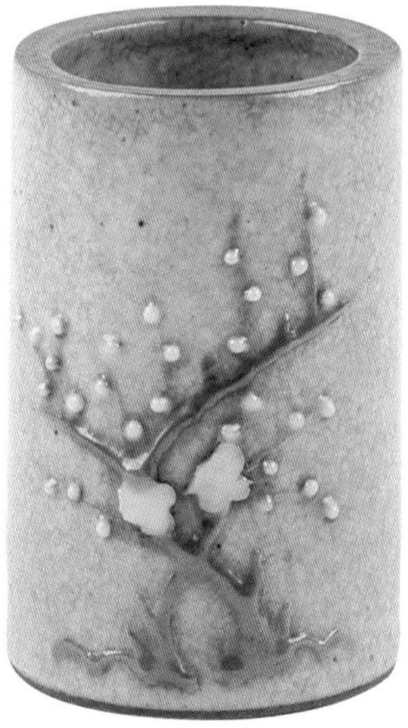

일련번호 284

입수일자	1990년 7월 16일
입수장소	중국 소주(蘇州) 졸정원(拙政園)
입수경위	현지 구입
생산국가	중국
생산연대	현대
재료	칠기
등급	A급

소주(蘇州)는 자고로 "위에는 천당이 있고, 아래는 소주 항주가 있다(上有天堂 下有蘇杭)"고 하는 말이 전해오고 있을 만큼 아름다운 곳이다. 그곳의 졸정원(拙政園)은 지금은 한 공원인데 옛날에는 역대 부호들이 번갈아 소유하고 살았던 거대한 저택이었다고 한다. 명대의 왕헌신(王獻臣)이 한때는 어사까지 지냈으나 관운이 불운하여 결국 낙향해서 절터로 있던 이 땅을 사서 정원을 꾸미고 이름을 졸정원이라고 짓고 살았다고 한다. 많은 화려한 건축물과 아름다운 연못 화원 그리고 무성한 수목들이 관광객의 이목을 끌기에 충분하다.

우리나라의 삼성전자 반도체 공장이 이곳에 진출해 있다.

일련번호 **285**

입수일자	1990년 7월 24일
입수장소	중국 상해(上海) 예원(豫園)
입수경위	현지 구입
생산국가	중국
생산연대	현대
재료	홍목
등급	특 A급

예원(豫園)은 상해에 있는 명대 부호관료의 정원 이름이다. 그는 부친의 노년을 즐겁게 해드리기 위해서 이 정원을 꾸몄다. 예원의 뜻은 편안하고 즐거움을 주는 동산이란 뜻이다. 그후 청대 부호상인으로 주인이 바뀌어 더욱 아름다운 모습으로 변했지만, 지금은 국가소유가 된 관광명소이다. 그 주변은 골동시장, 음식점이 많은 번화가로 변했다. 이곳에서도 여러 점의 필통을 구입하였다.

일련번호 286

입수일자	1990년 7월 16일
입수장소	중국 남경(南京)
입수경위	현지 구입
생산국가	중국
생산연대	현대
재료	구리 제품
등급	A급

남경(南京)은 1368년 주원장(朱元璋)이 세운 명나라의 수도였다. 주원장과 중화민국의 아버지로 불리는 손문(孫文)의 거대한 능침이 다 이곳에 있다. 손문은 중국인민공화국이나 대만의 중화민국에서 다 같이 존경받고있는 근대 중국의 지도자였다. 그리고 또 남경에는 저 유명한 제2차 세계대전 당시 일본군의 남경대학살 현장도 모래 속에 학살당한 자들의 해골바가지와 함께 그대로 남아있다. 나로서는 참으로 만감이 교차하는 순간이었다. 명나라는 그 후에 북방 호족의 침략을 막기 위해 수도를 지금의 북경으로 옮겨갔다. 이곳에서도 여러 점의 필통을 샀다.

일련번호 287

입수일자	1990년 7월 20일
입수장소	중국 태안(泰安)
입수경위	현지 구입
생산국가	중국
생산연대	청 도광(道光)(?)
재료	백자
등급	A급

일련번호 288

입수일자	1990년 7월 24일
입수장소	중국 상해(上海)
입수경위	현지 구입
생산국가	중국
생산연대	청말(?)
재료	백자
등급	A급

일련번호 289

입수일자	1987년 9월 9일
입수장소	중국 서안(西安) 자은사
입수경위	현지 구입
생산국가	중국
생산연대	골동품(?)
재료	백자
등급	A급

일련번호 290

입수일자	1990년 7월 23일
입수장소	중국 서안(西安) 진시황릉
입수경위	현지 구입
생산국가	중국
생산연대	현대
재료	검푸른 옥
등급	B급

일련번호 291

입수일자	1990년 7월 16일
입수장소	중국 남경(南京)
입수경위	현지 구입
생산국가	중국
생산연대	현대
재료	홍목
등급	A급

일련번호 292

입수일자	1990년 7월 19일
입수장소	중국 태안(泰安)
입수경위	현지 구입
생산국가	중국
생산연대	현대
재료	대리석
등급	B급

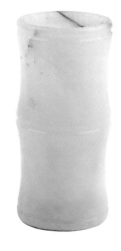

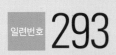

일련번호 293

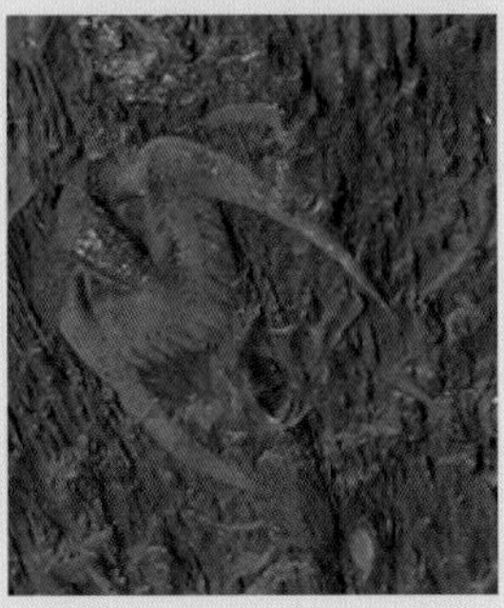

내용 입수일자	1990년 7월 18일
입수장소	중국 제남(濟南)
입수경위	진지안(陳之安) 교수의 선물
생산국가	중국
생산연대	현대
재료	니산석(尼山石)
등급	A급

중국 산동대(山東大) 부총장 진지안(陳之安) 교수로부터의 선물. 그는 나의 절친한 친구이다. 후엔 산동대학의 공산당 주임을 역임했다. 우리나라로 치면 이사장으로 대학 안에서는 권력 제1인자라고 말할 수 있다. 후에 서로 편지로 내왕도 많이 하였으며 내 일을 무엇이든 도와주려고 애를 많이 썼던 분이다. 내가 산동대학을 방문할 때마다 교내 호텔의 숙식비를 무료로 하게 해 주었으며 내가 중국 국내 여행을 할 때도 도처의 당 간부에게 연락해서 편안하게 그리고 무료로 즐거운 여행을 할 수 있도록 도와주기도 했다. 그리고 나도 그 답례로 우리나라로 초청을 해서 대접하였다. 정말 나에게는 영원히 잊지 못할 고마운 중국 친구였다.

일련번호 294

입수일자	1990년 7월 16일
입수장소	중국 남경(南京)
입수경위	현장 구입
생산국가	중국
생산연대	현대
재료	죽제
등급	B급

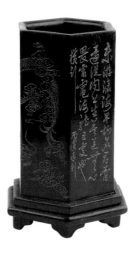

일련번호 295

입수일자	1990년 7월 16일
입수장소	중국 남경(南京)
입수경위	현지 구입
생산국가	중화민국
생산연대	현대
재료	홍목
등급	특 A급

일련번호 296

입수일자	1990년 7월 12일
입수장소	중국 상해(上海)
입수경위	현지 구입
생산국가	중국
생산연대	현대
재료	홍목
등급	A급

일련번호 297

입수일자	1990년 7월 24일
입수장소	중국 상해(上海)
입수경위	현지 구입
생산국가	중국
생산연대	청 동치 모방품
재료	도자기
등급	특 A급

일련번호 298

입수일자	1990년 7월 20일
입수장소	중국 북경(北京) 팔달령(八達嶺)의 만리장성
입수경위	현지 구입
생산국가	중국
생산연대	현대
재료	유기(鍮器)
등급	B급

일련번호 299

입수일자	1990년 7월 24일
입수장소	중국 상해(上海)
입수경위	선물 받음
생산국가	중국
생산연대	골동(?)
재료	고죽(古竹)
등급	A급

일련번호 300

입수일자	1990년 8월 5일
입수장소	중국 만리장성
입수경위	현지 구입
생산국가	중국
생산연대	현대
재료	홍목 편접
등급	B급

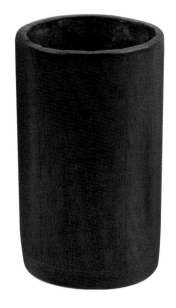

일련번호 301

입수일자	1990년 8월 5일
입수장소	중국 만리장성
입수경위	현지 구입
생산국가	중국
생산연대	청말 민초(?)
재료	백자
등급	A급

일련번호 302

입수일자	1990년 8월 8일
입수장소	중국 산동성 치박(淄博)시 포송령의 옛 집
입수경위	현지 구입
생산국가	중국
생산연대	현대
재료	토기
등급	B급

청대(清代) 포송령(蒲松齡)은 1640년 중국 산동성의 유명한 가문에서 태어났다. 학식 있는 상인이었던 아버지 덕에 집에는 많은 서적들이 구비되어 있었다. 19세 때 과거의 예비시험에는 합격하였으나 최종 시험에서 계속 떨어진 그는 과시를 포기하고 오히려 당시의 과거제도의 모순을 비판하였다. 그는 관직에 오르지 못했기 때문에 문학에 몰두할 수 있었고, 1715년 죽기 전까지 지방에서 훈장 노릇을 하면서 지냈다. 그의 대표작 문언(文言) 단편소설집 《요재지이(聊齋志異)》는 1916년 영국인 허버트 자일스가 《중국인 서재에서 나온 괴상한 이야기》라는 제목으로 처음 번역, 소개하였다. 1766년 발표된 첫 인쇄본에는 431편의 이야기가 수록되어 있었으나 이후 원본을 바탕으로 많은 이야기들이 첨가되었다. 도덕적인 교훈을 담으면서도 권선징악적인 성격이 두드러진 문장은 풍부한 어휘와 시적인 표현으로 다른 수많은 괴기담과 차이를 보이며 '중국판 천일야화'로 일컬어진다. 이 필통은 그가 태어난 옛집을 방문했을 때 구입하였다. 그의 무덤을 비롯한 모든 유적이 이곳에 많이 남아있다.

일련번호 303

입수일자	1990년 8월 10일
입수장소	중국 북경(北京) 유리창(琉璃廠)
입수경위	현장 구입
생산국가	중국
생산연대	민국 초년
재료	청화 백자
등급	A급

일련번호 304

입수일자	1990년 8월 31일
입수장소	러시아 모스크바
입수경위	현지 구입
생산국가	러시아
생산연대	현대
재료	참나무(?)
등급	B급

일련번호 305

입수일자	1990년 9월 1일
입수장소	러시아 상트페테르부르크
입수경위	현지 구입
생산국가	러시아
생산연대	소련 시대
재료	오동나무
등급	A급

일련번호 306

입수일자	1990년 8월 30일
입수장소	러시아 타슈겐트
입수경위	현장 구입
생산국가	러시아
생산연대	현대
재료	자색 대리석(?)
등급	A급

일련번호 307

입수일자	1990년 9월 2일
입수장소	모스크바 알바트 거리
입수경위	현장 구입
생산국가	러시아
생산연대	골동
재료	유리 같은 도자기
등급	B급

모스크바의 알바트 거리는 골동품 상점이 많이 모여 있는 거리다.

일련번호 **308**

입수일자	1990년 9월 15일
입수장소	한국 서울 건국대 주변
입수경위	현지 구입
생산국가	중국
생산연대	현대
재료	지문석(脂文石)
등급	A급

일련번호 **309**

입수일자	1991년 6월 24일
입수장소	한국 서울
입수경위	선물 받음
생산국가	중국
생산연대	현대
재료	죽제
등급	A급

일련번호 **310**

입수일자	1991년 8월 26일
입수장소	러시아 모스크바
입수경위	선물 받음
생산국가	소련
생산연대	현대
재료	도자기
등급	C급

일련번호 **311**

입수일자	1992년 8월 14일
입수장소	미국 버지니아
입수경위	선물 받음
생산국가	미국
생산연대	현대
재료	버지니아 산 향나무
등급	B급

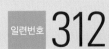

일련번호 312

입수일자	1992년 11월 12일
입수장소	중국 복건성 하문(廈門)
입수경위	현지 구입
생산국가	중국
생산연대	현대
재료	홍목
등급	특 A급

중국의 하문(廈門)은 복건성에서 가장 큰 도시지만 성도는 복주(福州)이다. 여기 하문대학에서는 1992년 11월 제10회 당대문학국제학술회의(唐代文學國際學術會議)가 열렸다. 미국, 일본, 독일, 홍콩, 대만, 네덜란드, 한국 등 국가에서 수많은 학자들이 모여 학술발표를 하고 토론도 했다. 중국에서는 당대문학을 연구하는 程千帆 傅璇琮 周勛初 韓理洲 莫礪鋒 黃錦鉉 羅聯添 등등 명사들이 대거 참가했었는데 그중에는 이미 구면도 몇 명 있었다. 나도 논문 발표는 물론 학자들도 많이 사귀고 저서도 서로서로 나누어 가졌다. 2박 3일간의 참으로 의미 있는 국제회의의 추억을 쌓았다. 회의 도중 간간이 쉬는 시간을 이용해서 구내매점이나 가까운 상점을 찾아가서 필통 컬렉션에 열을 올렸고 좋은 필통도 여러 점 구입했었다.

일련번호 313

입수일자	1992년 11월 17일
입수장소	중국 하문(廈門)
입수경위	현지 구입
생산국가	중국
생산연대	현대
재료	황양목
등급	A급

일련번호 314

입수일자	1992년 11월 14일
입수장소	중국 천주(泉州)
입수경위	현지 구입
생산국가	중국
생산연대	현대
재료	석분
등급	B급

천주는 옛날 해상 실크로드의 시발점이었던 중국 남해의 항구도시로 명대의 유명한 개혁주의 학자 이탁오(李卓吾)가 태어난 곳이기도 하다.

일련번호 315

입수일자	1993년 6월 23일
입수장소	한국 강원도 미시령 고개
입수경위	현지 구입
생산국가	대만(?)
생산연대	현대
재료	적갈색 토기
등급	B급

일련번호 316

입수일자	1993년 7월 11일
입수장소	중국 북경(北京)
입수경위	선물 받음
생산국가	중국
생산연대	현대
재료	죽제
등급	B급

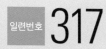

일련번호 317

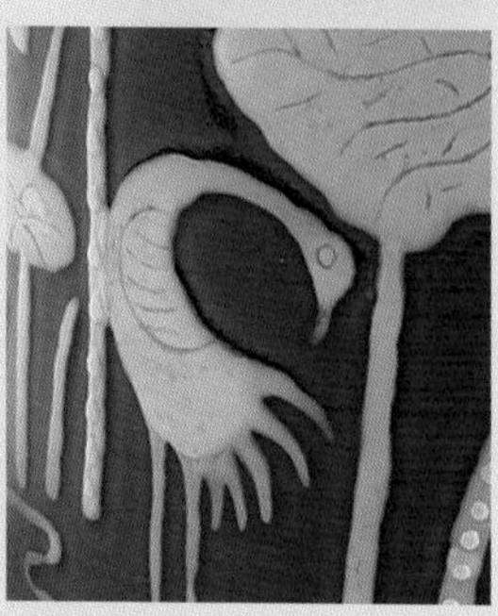

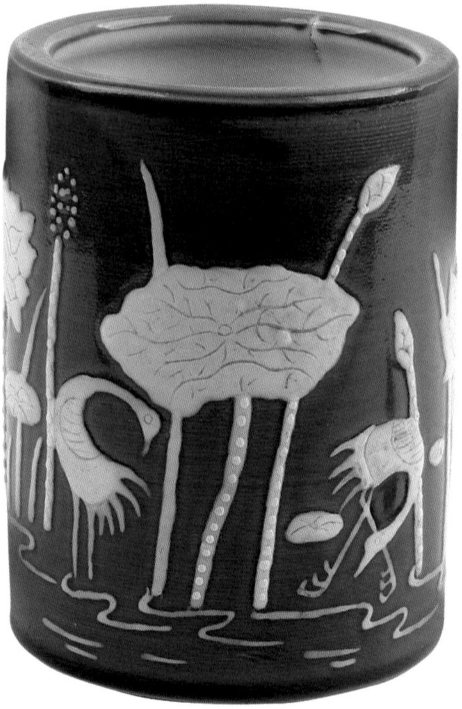

입수일자	1993년 7월 21일
입수장소	중국 제남(濟南)
입수경위	현지 구입
생산국가	중국
생산연대	현대
재료	도자기
등급	A급

제남은 중국 산동성의 성도이고 산동대학이 있는 곳이다. 자고로 대명호(大明湖)의 경치가 아름다워 시인 묵객들이 많은 명시를 남겼다. "사면이 연꽃이면 삼면은 버들이요, 전체 도시가 산색이면 도시의 반은 호수의 물빛이로다.(四面荷花三面柳 一城山色半城湖.)" 이처럼 연꽃과 수양버들 그리고 호수가 어우러져 풍광이 아름답기로 이름이 나 있는 곳이다. 나는 일찍이 산동대학과 성균관대학의 자매결연을 성사시켜서 교수와 학생을 서로 교환해 오고 있다. 그래서 제남에 있는 산동대학에는 막역한 친구들이 많이 있기 때문에 누구보다도 빈번하게 왕래했었다. 따라서 그곳에서 산 필통도 자연 많아졌다.

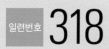

일련번호 318

입수일자	1994년 1월 26일
입수장소	중국 복주(福州) 우산공원(于山公園)
입수경위	현장 구입
생산국가	중국
생산연대	현대
재료	대리석에 놋쇠 맥기
등급	특 A급

복주는 중국 복건성(福建省)의 성도로, 우산(于山), 도산(島山), 병산(屛山)과 도탑(島塔), 백탑(백塔)의 이른바 3산 2탑이 유명한 관광코스다. 인구는 약 120만인데 근자에 대만 교포들이 왕래하면서 많이 투자를 해서 그 발전하는 속도가 빠르다고 한다. 여기서 겨우 하루를 묵었기 때문에 2~3개의 필통 밖에 살 수가 없었다.

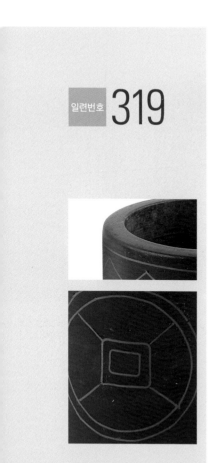

일련번호 319

입수일자	1993년 8월 4일
입수장소	중국 낙양(洛陽)
입수경위	현지 구입
생산국가	중국
생산연대	현대
재료	검은 옥
등급	B급

당나라의 수도는 장안(長安), 지금의 서안(西安)인데 낙양(洛陽)은 동경이라 불릴 만큼 제2의 큰 도시였다. 당시 유명한 시인 백거이(白居易, 자는 樂天)의 유적이 많은 곳이기도 하다. 그리고 그 유명한 용문석굴(龍門石窟)이 이곳에 있다. 근자에는 중국 역대 분묘의 모형을 재현해 놓은 역대 분묘박물관도 있다. 거기가 바로 북망산 자락이다. 당나라 때는 그곳이 바로 공동묘지가 있었던 곳이었던 모양이다. 낙양에서도 마음에 드는 필통을 여러 개 샀다.

일련번호 320

입수일자	1993년 8월 4일
입수장소	중국 낙양(洛陽)
입수경위	현지 구입
생산국가	중국
생산연대	현대 제품
재료	백석
등급	B급

일련번호 321

입수일자	1993년 8월 5일
입수장소	중국 낙양(洛陽)
입수경위	현지 구입
생산국가	중국
생산연대	현대
재료	죽제
등급	B급

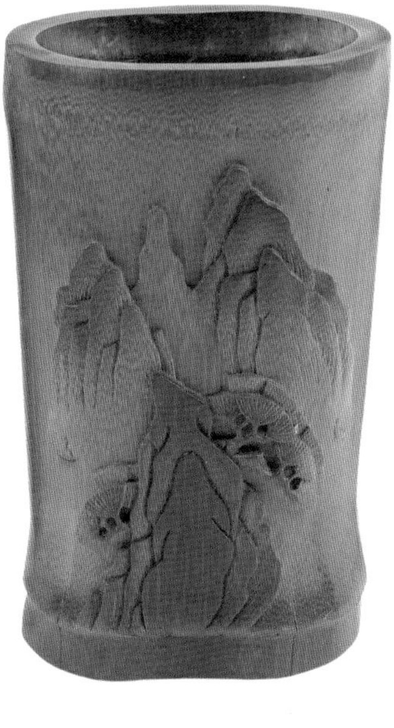

일련번호 **322**

입수일자	1993년 8월 7일
입수장소	중국 제남(濟南)
입수경위	중국 진조휘(陳朝暉) 양의 선물
생산국가	중국
생산연대	현대작품
재료	대리석 매화 양각
등급	특 A급

천자오후이(陳朝暉) 양은 산동대학 대학원 학생으로 그녀 스승의 명으로 나를 안내하여 산서생 정주(鄭州)와 섬서성(陝西省) 일대, 즉 제남, 정주, 숭산, 소림사, 낙양, 개봉 등 지를 두루 돌면서 친절하게 안내를 해주었다. 나는 여행을 마치고 나서 너무도 고마워서 기념으로 손목시계를 하나 사서 선물로 주었다. 그랬더니 그 학생은 자기 집에 소장하고 있던 필통이라면서 나에게 선사하였다. 받고 보니 일반 시장에서는 살 수 없는 아주 이쁘고 고상한 멋있는 대리석 필통이었다. 고급 필통이기 전에 그 학생의 인정이 담긴 선물이라서 지금껏 소중하게 간직하고 그 학생을 생각하면서 감상하고 있다.

일련번호 323

입수일자	1993년 8월 9일
입수장소	중국 천진(天津)
입수경위	현지 구입
생산국가	중국
생산연대	현대
재료	도자기
등급	A급

천진은 중국의 수도 북경에서 바다로 나아가는 관문이라 인구도 많고 천진대학과 남개대학(南開大學)이 다 이곳에 있다. 산동대학과 여기 두 대학의 직원들이 나를 친절하게 안내해 주어서 편안하게 여행도 하고 골동 필통 등 쇼핑도 잘 하였다. 특히 이곳 심양고완시장(沈陽古玩市場)에는 북경에 비해서도 조금도 손색이 없는 크고 물건이 더 많아 보였다. 이곳에서도 여러 개의 훌륭한 필통을 구입하였다.

일련번호 324

입수일자	1993년 8월 9일
입수장소	중국 천진(天津)
입수경위	현지 구입
생산국가	중국
생산연대	현대물
재료	백자
등급	B급

일련번호 325

입수일자	1993년 8월 9일
입수장소	중국 천진(天津)
입수경위	현지 구입
생산국가	중국
생산연대	현대
재료	고대 황옥
등급	A급

일련번호 326

입수일자	1993년 10월 15일
입수장소	한국 대전 EXPO93 인도 캠프 매점
입수경위	현장 구입
생산국가	인도
생산연대	현대
재료	연한 상아색 돌
등급	A급

대전 엑스포93에 구경을 갔다가 인도 캠프에서 조그마한 대리석 필통을 발견하고 사서 가지고 왔다. 와서 보니 아담하기는 하나 외면이 너무 무미하고 단조로워서 스스로 만(卍) 자를 양각으로 새겼다. 인도라면 자연 불교가 떠올랐기 때문이었다. 그래서 재미로 불교의 상징인 만 자를 새겼더니 의미도 있고 훨신 아담하고 값져 보였다.

일련번호 327

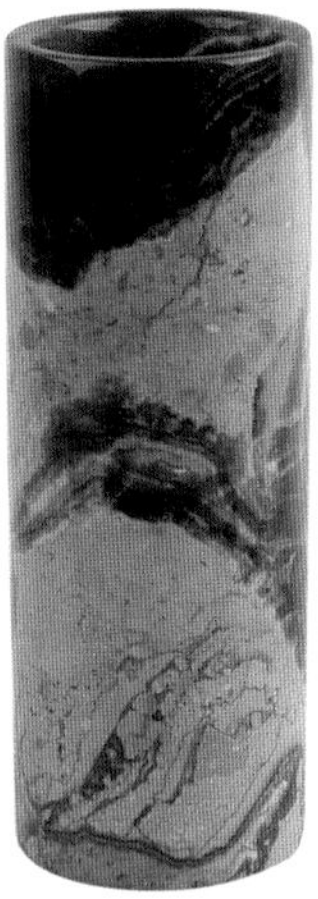

입수일자	1994년 1월 15일
입수장소	한국 대전 EXPO93
입수경위	선물 받음
생산국가	인도
생산연대	현대작품
재료	황고동색 대리석(?)
등급	B급

일련번호 328

입수일자	1993년 7월 22일
입수장소	중국 제남(濟南)
입수경위	현지 구입
생산국가	중국
생산연대	현대
재료	도자기
등급	A급

일련번호 329

입수일자	1994년 1월 26일
입수장소	중국 복주(福州)
입수경위	현지 구입
생산국가	중국
생산연대	현대
재료	백색 사기
등급	특 A급

일련번호 330

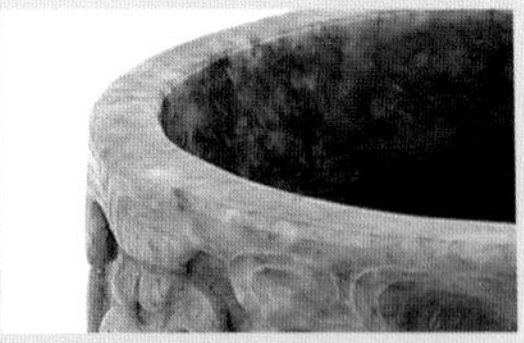

입수일자	1994년 1월 27일
입수장소	중국 무이구곡(武夷九曲)
입수경위	현지 구입
생산국가	중국
생산연대	청말 골동(?)
재료	황옥(黃玉)
등급	특 A급

무이산(武夷山) 관광여행 중에 구입하였다. 이곳은 무이구곡(武夷九曲)이 아름답고 유명한 관광지다. 송나라 때의 대 유학자이며 우리나라의 안향(安珦) 이황(李滉) 두 유학자가 특히 숭모하던 주희(朱熹) 선생이 강학하던 곳이기도 하다. 주위의 산수가 너무도 아름다운데 맑은 강물을 뗏목을 타고 구곡을 굽이굽이 떠내려오는 맛이야말로 신선놀음이 따로 없을 것 같았다. 이곳의 필통이 그래서 값지고 귀하다. 행운으로 골동품으로 보이는 황옥 필통을 만나서 사고 보니 마치 귀중한 보물을 얻은 것 같은 심정이었다. 값은 좀 비쌌지만.

일련번호 331

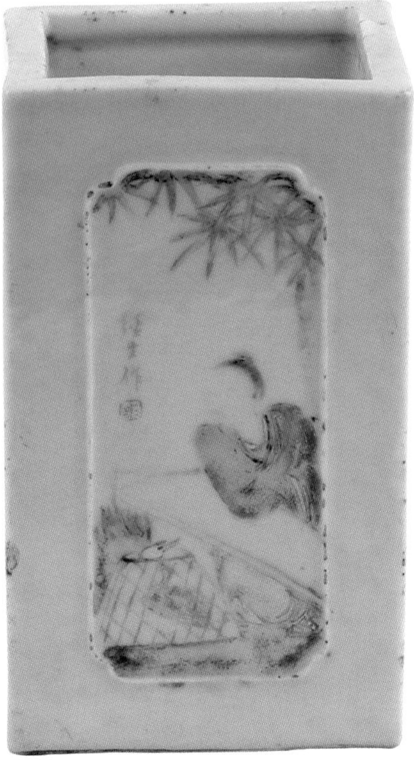

입수일자	1994년 1월 28일
입수장소	중국 장사(長沙) 악록서원(嶽麓書院)
입수경위	현장 구입
생산국가	중국
생산연대	골동?
재료	백자 유색 그림
등급	A급

중국 호남성 장사(長沙)에 있는 악록서원(嶽麓書院)은 송 태조 개보(開寶) 9년(976)에 건립되어 1903년 구학(舊學) 제도가 종료되었던 시기까지 1,000여 년 동안 존재하였다. 송대의 성리학자 주희(朱熹)가 이곳에서 오랫동안 유학을 강의하기도 하였으며 백록동서원(白鹿洞書院), 석고서원(石鼓書院), 응천부서원(應天府書院)과 함께 4대 서원의 하나로 꼽힌다. 현재는 호남대학(湖南大学)에서 이어받아 유지와 관리를 맡고 있다. 일찍이 왕부지(王夫之) 좌종당(左宗棠) 양창제(楊昌濟)와 같은 대 학자를 배출하였고 후세에 와서는 모택동도 이곳 출신이다. 그래서 이런 학문적으로 유서 깊은 곳에서 구입한 필통이니 더욱 귀한 것이라고 느껴진다

일련번호 332

입수일자 1994년 1월 30일
입수장소 중국 상해(上海)
입수경위 현장 구입
생산국가 중국
생산연대 현대
재료 죽제
등급 A급

일련번호 333

입수일자 1994년 1월 30일
입수장소 중국 상해(上海)
입수경위 현지 구입
생산국가 중국
생산연대 현대
재료 나전칠기
등급 B급

일련번호 334

입수일자 1994년 2월 1일
입수장소 중국 북경(北京)
입수경위 선물 받음
생산국가 중국
생산연대 현대
재료 죽제
등급 B급

일련번호 335

입수일자	1994년 2월 15일
입수장소	한국 동학사(東鶴寺)
입수경위	현장 구입
생산국가	한국
생산연대	현대제품
재료	향나무
등급	C급

일련번호 336

입수일자	1994년 2월 20일
입수장소	한국 문산 통일전망대
입수경위	현장 구입
생산국가	대만
생산연대	현대
재료	대리석
등급	C급

일련번호 337

입수일자	1996년 2월
입수장소	한국 서울
입수경위	현장 구입
생산국가	한국
생산연대	현대
재료	죽제
등급	B급

일련번호 338

입수일자	1996년 5월
입수장소	대만 대북(台北)
입수경위	현지 구입
생산국가	중국
생산연대	현대
재료	황양목
등급	A급

일련번호 339

입수일자	1996년 5월
입수장소	대만 대북(台北)
입수경위	현지 구입
생산국가	중국
생산연대	골동(?)
재료	백통(白銅)
등급	B급

일련번호 340

입수일자	1996년 5월
입수장소	대만 대북(台北)
입수경위	현지 구입
생산국가	대만
생산연대	현대
재료	흑감나무
등급	A급

일련번호 341

입수일자	1996년 5월
입수장소	대만 대북(台北)
입수경위	현지 구입
생산국가	대만
생산연대	현대
재료	자단
등급	B급

일련번호 342

입수일자	1996년 5월
입수장소	대만 대북(台北)
입수경위	현지 구입
생산국가	중국
생산연대	현대작품
재료	합성수지 플라스틱
등급	B급

일련번호 343

입수일자	1996년 5월
입수장소	대만 대북(台北)
입수경위	현지 구입
생산국가	대만
생산연대	현대
재료	회백색 대리석
등급	B급

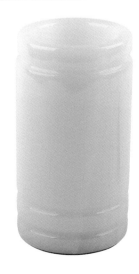

일련번호 344

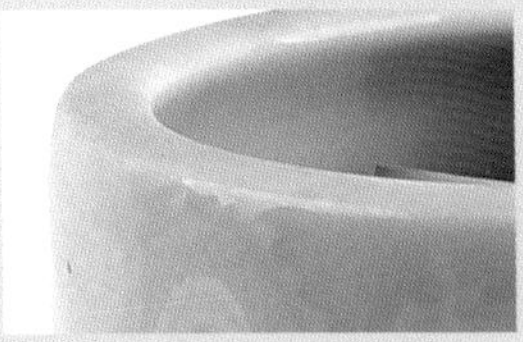

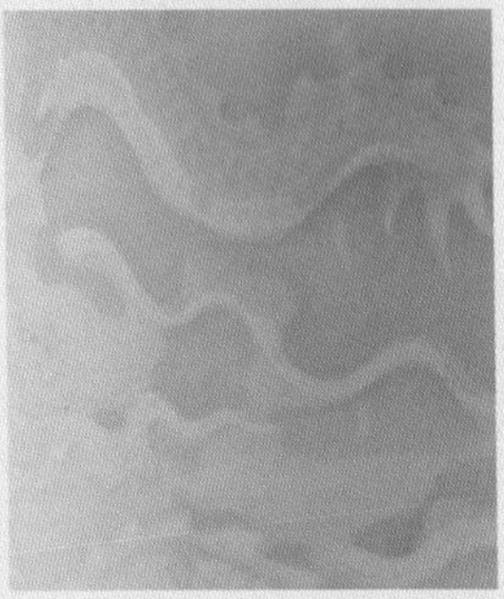

입수일자	1996(2)년 5월
입수장소	대만 대북(台北)
입수경위	정정왕(鄭丁旺) 정치대학 총장의 선물
생산국가	대만 효방요(曉芳窯) 산
생산연대	현대
재료	모고(模古) 도자기
등급	특 A급

1996년 5월 나는 우리 성균관대 학과 자매결연을 하고 있는 국립 대만 정치대학에서 명예박사학위를 받았다. 이때 정딩왕(鄭丁旺) 총장은 내가 필통을 수집한다는 것을 알고 특별히 대만의 유명한 도예가(曉芳窯)에 주문하여 이 필통을 다른 몇몇 기념품과 함께 학위 취득 기념으로 선물했다. 옛날의 필통 모양을 모방해서 정교하게 빚은 이쁜 필통일 뿐만 아니라 의미가 있는 귀한 물건이기 때문에 아끼면서 감사하게 간직하고 있다.

나도 성균관대학교 총장 재임 시 그에게 명예박사 학위를 수여한 바가 있는데, 이는 자매 대학교 간의 관례적인 교환 행사였다.

일련번호 345

입수일자	1996년 5월 29일
입수장소	중국 북경(北京) 홍교상장(紅橋商場)
입수경위	현장 구입
생산국가	중국
생산연대	현대
재료	홍목 방고(倣古) 필통
등급	특 A급

일련번호 346

입수일자	1996년 5월 29일
입수장소	중국 북경(北京) 홍교상장(紅橋商場)
입수경위	현장 구입
생산국가	중국
생산연대	골동
재료	토기 혹 도자기?
등급	A급

일련번호 347

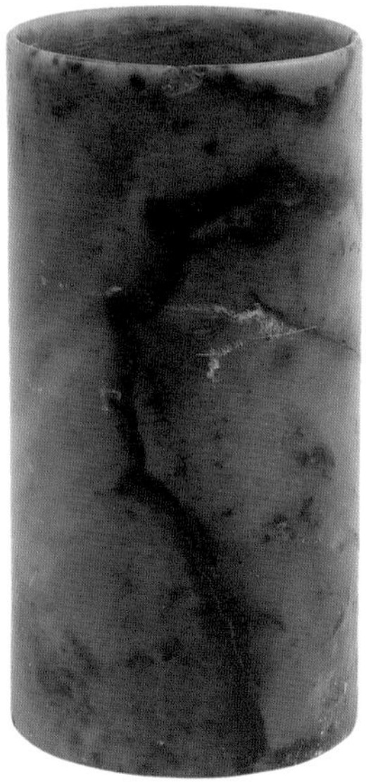

입수일자	1996년 5월 27일
입수장소	중국 제남(濟南)
입수경위	현지 구입
생산국가	중국
생산연대	청대(?)
재료	자색 무늬 옥
등급	A급

일련번호 **348**

입수일자	1996년 5월 30일
입수장소	중국 북경(北京) 홍교상장(紅橋商場)
입수경위	현장 구입
생산국가	중국
생산연대	청대
재료	연한 고동색 고옥(古玉)
등급	A급

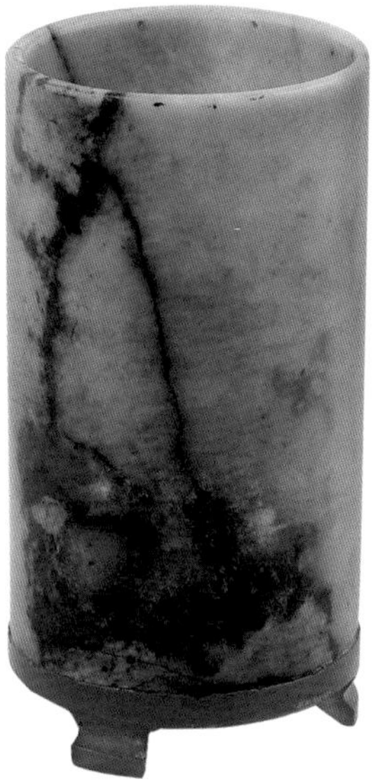

일련번호 **349**

입수일자	1996년 5월 30일
입수장소	중국 북경(北京) 홍교상장(紅橋商場)
입수경위	현장 구입
생산국가	중국
생산연대	청대(?)
재료	연한 고동색 고옥(古玉)
등급	A급

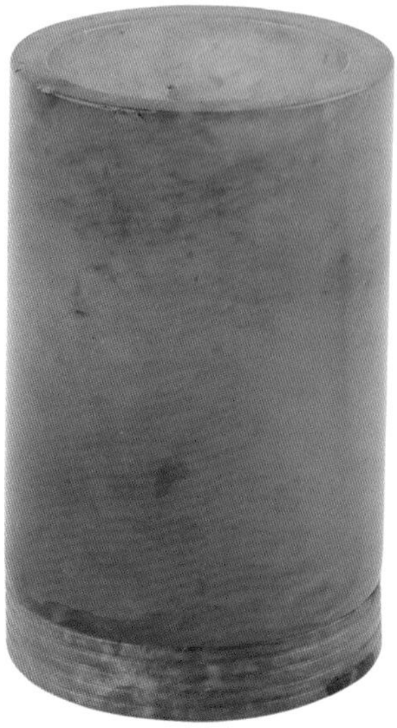

일련번호 350

입수일자	1996년 5월 28일
입수장소	중국 태안(泰安)
입수경위	현지 구입
생산국가	중국
생산연대	현대
재료	쑥색 돌
등급	B급

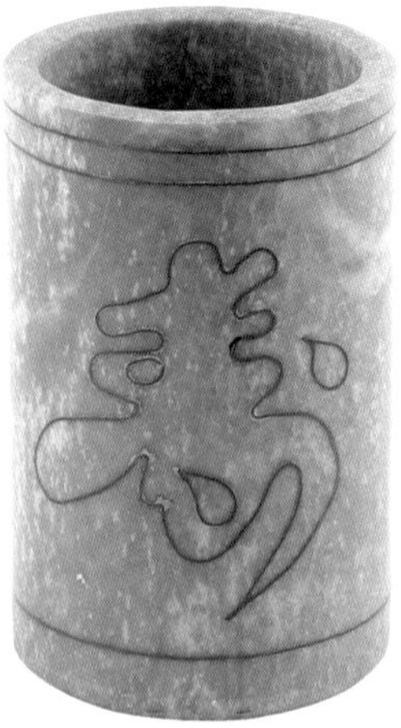

일련번호 351

입수일자	1996년 5월 28일
입수장소	중국 태안(泰安)
입수경위	현지 구입
생산국가	중국
생산연대	현대
재료	갈색 돌
등급	C급

일련번호 352

입수일자	1996년 5월 28일
입수장소	중국 제남(濟南)
입수경위	현지 구입
생산국가	중국
생산연대	현대
재료	죽제
등급	B급

일련번호 353

입수일자	1996년 5월 28일
입수장소	중국 제남(濟南)
입수경위	현지 구입
생산국가	중국
생산연대	현대
재료	방고(倣古) 도자기
등급	B급

일련번호 354

입수일자	1996년 5월 28일
입수장소	중국 제남(濟南)
입수경위	현지 구입
생산국가	중국
생산연대	현대
재료	방고 도자기
등급	B급

일련번호 355

입수일자	1996년 5월 31일
입수장소	중국 태안(泰安)
입수경위	현지 구입
생산국가	일본(?)
생산연대	현대
재료	나무
등급	B급

일련번호 356

입수일자	1996년 5월 30일
입수장소	중국 북경(北京) 유리창(琉璃廠)
입수경위	현장 구입
생산국가	중국
생산연대	현대
재료	죽제
등급	B급

일련번호 357

입수일자	1996년 5월 28일
입수장소	중국 제남(濟南) 자유시장
입수경위	현장 구입
생산국가	중국
생산연대	현대
재료	죽제
등급	B급

일련번호 358

입수일자	1996년 5월 30일
입수장소	중국 북경(北京) 홍교상장
입수경위	현장 구입
생산국가	중국
생산연대	현대
재료	황양목
등급	특 A급

일련번호 359

입수일자	1996년 5월 28일
입수장소	중국 제남(濟南) 영웅산상점(英雄山商店)
입수경위	현장 구입
생산국가	중국
생산연대	현대
재료	죽제
등급	C급

일련번호 360

입수일자	1996년 5월 28일
입수장소	중국 제남(濟南) 자유시장
입수경위	현장 구입
생산국가	중국
생산연대	현대
재료	죽제
등급	B급

일련번호 361

입수일자	1996년 5월 28일
입수장소	중국 제남(濟南) 자유시장
입수경위	현장 구입
생산국가	중국
생산연대	현대(방고품)
재료	도자기
등급	A급

일련번호 362

입수일자	1996년 5월 28일
입수장소	중국 제남(濟南)
입수경위	현지 구입
생산국가	중국 산동성 특산
생산연대	현대, 방고(倣古)
재료	흑도(黑陶)
등급	A급

일련번호 363

입수일자	1996년 5월 28일
입수장소	중국 제남(濟南)
입수경위	현지 구입
생산국가	중국
생산연대	현대
재료	흑도(黑陶)
등급	B급

중국 산동성(山東省) 문학연구회 1991年 연회(年會) 홍보용 기념품. 덕주시문련(德州市文聯) 제공.

일련번호 364

입수일자	1996년 5월 28일
입수장소	중국 제남(濟南)
입수경위	현지 구입
생산국가	중국
생산연대	연대 불명
재료	우골(牛骨)
등급	C급

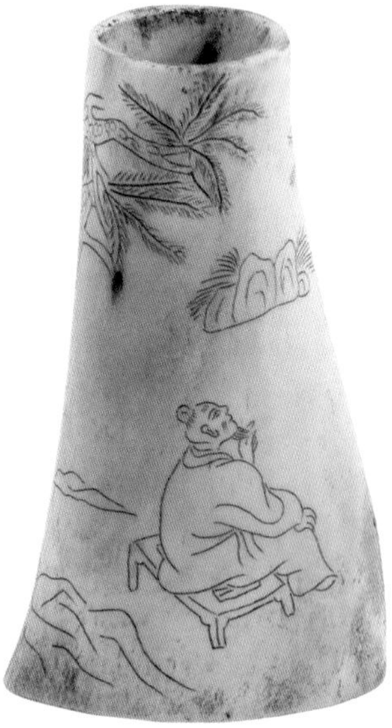

일련번호 365

입수일자	1996년 10월 5일
입수장소	중국 제남(濟南)
입수경위	선물 받음
생산국가	중국
생산연대	현대
재료	우골(牛骨)
등급	C급

일련번호 366

입수일자	1997년 8월 13일
입수장소	중국 북경(北京) 홍교상장
입수경위	현장 구입
생산국가	중국
생산연대	현대
재료	상골(象骨) 조각
등급	A급

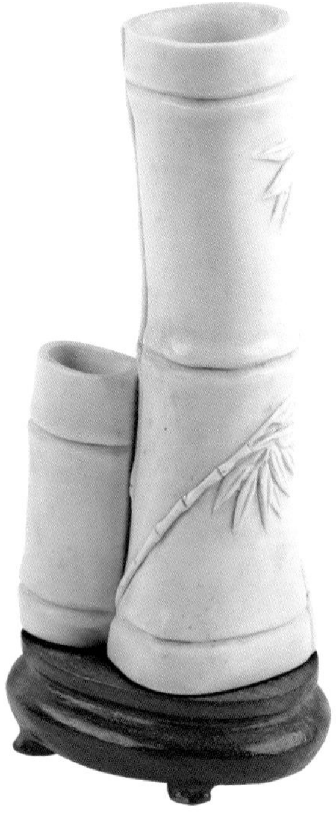

일련번호 367

입수일자	1997년 8월 13일
입수장소	중국 북경(北京) 홍교상장
입수경위	현장 구입
생산국가	중국
생산연대	현대
재료	상골(象骨) 조각
등급	A급

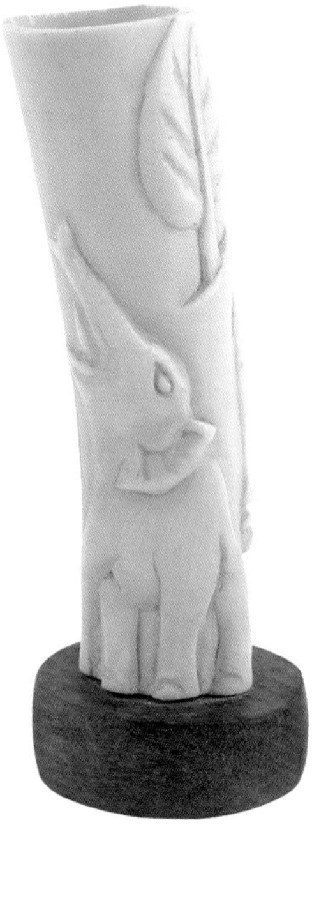

일련번호 368

입수일자	1996년 5월 28일
입수장소	중국 제남(濟南)
입수경위	선물 받음
생산국가	북한
생산연대	현대
재료	참나무
등급	B급

나도 평양에 갔을 때 이것과 똑같은 필통을 사가지고 온 적이 있다.

일련번호 369

입수일자	1996년 5월 28일
입수장소	중국 제남(濟南)
입수경위	현장 구입
생산국가	중국
생산연대	현대
재료	골분(?) 합성수지(?)
등급	C급

일련번호 370

입수일자	1996년 5월 28일
입수장소	중국 제남(濟南)
입수경위	현지 구입
생산국가	중국
생산연대	현대
재료	연녹색 도자기
등급	B급

일련번호 371

입수일자	1996년 5월 28일
입수장소	중국 제남(濟南) 자유시장
입수경위	현장 구입
생산국가	중국
생산연대	현대
재료	석고
등급	B급

일련번호 372

입수일자	1996년 5월 28일
입수장소	중국 제남(濟南) 자유시장
입수경위	현장 구입
생산국가	중국
생산연대	현대
재료	자단(紫檀)(?)
등급	A급

일련번호 373

입수일자	1996년 7월 29일
입수장소	중국 남부
입수경위	선물 받음
생산국가	중국
생산연대	현대
재료	황양목(?)
등급	A급

일련번호 374

입수일자	1997년 8월 16일
입수장소	한국 서울
입수경위	선물 받음
생산국가	아프리카 케냐
생산연대	현대
재료	자단(?)
등급	B급

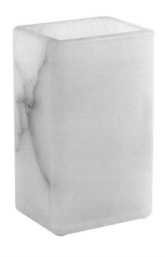

일련번호 375

입수일자	1996년 9월 15일
입수장소	한국 서울 롯데 세계벼룩시장전
입수경위	선물 받음
생산국가	이태리
생산연대	현대
재료	아라바스터 대리석
등급	B급

일련번호 376

입수일자	1996년 9월 15일
입수장소	한국 서울 롯데 세계벼룩시장전
입수경위	선물 받음
생산국가	이태리
생산연대	현대
재료	아라바스터(대리석종) 분홍색
등급	A급

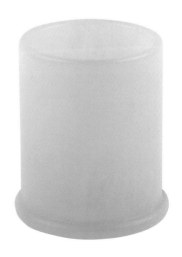

일련번호 377

입수일자	1984년 10월
입수장소	스위스 취리히
입수경위	현지 구입
생산국가	중국
생산연대	골동(?)
재료	도자기
등급	A급

일련번호 378

입수일자	1996년 9월 15일
입수장소	한국 서울 롯데 세계벼룩시장전
입수경위	선물 받음
생산국가	이태리
생산연대	현대
재료	아라바스터(대리석)
등급	B급

일련번호 **379**

입수일자	1996년 9월 3일
입수장소	한국 서울
입수경위	선물 받음
생산국가	미국
생산연대	현대
재료	대리석
등급	C급

일련번호 **380**

입수일자	1995년 2월 20일
입수장소	한국 서울
입수경위	성탁회(成鐸會)의 선물
생산국가	한국
생산연대	현대
재료	상수리 나무
등급	A급

총장 취임을 축하하는 기념 선물, 성탁회(成鐸會)로부터.
성탁회는 성대신문 학생 기자 출신들의 모임이다.

일련번호 **381**

입수일자	1996년 10월 5일
입수장소	중국 제남(濟南)
입수경위	선물 받음
생산국가	중국
생산연대	골동?
재료	자흑색 괴목
등급	B급

일련번호 382

입수일자	1996년 10월 5일
입수장소	중국 제남(濟南)
입수경위	선물 받음
생산국가	중국
생산연대	현대
재료	죽제
등급	C급

일련번호 383

입수일자	1996년 10월 5일
입수장소	중국 제남(濟南)
입수경위	선물 받음
생산국가	중국
생산연대	현대
재료	죽제(?)
등급	C급

일련번호 384

입수일자	1996년 10월 5일
입수장소	중국 제남(濟南)
입수경위	선물 받음
생산국가	중국
생산연대	현대
재료	죽제
등급	C급

일련번호 385

입수일자	1996년 10월 5일
입수장소	중국 제남(濟南)
입수경위	선물 받음
생산국가	중국
생산연대	현대작품
재료	죽제
등급	B급

일련번호 386

입수일자	1996년 10월 5일
입수장소	중국 제남(濟南)
입수경위	선물 받음
생산국가	중국
생산연대	현대작품
재료	죽제
등급	B급

일련번호 387

입수일자	1996년 10월 5일
입수장소	중국 제남(濟南)
입수경위	선물 받음
생산국가	중국
생산연대	현대작품
재료	죽제
등급	B급

일련번호 **388**

입수일자	1996년 10월 5일
입수장소	중국 제남(濟南)
입수경위	선물 받음
생산국가	중국
생산연대	현대
재료	도자기
등급	C급

일련번호 **389**

입수일자	1996년 10월 5일
입수장소	중국 제남(濟南)
입수경위	선물 받음
생산국가	중국
생산연대	현대
재료	대마디 모양 도자기
등급	C급

일련번호 **390**

입수일자	1996년 10월 5일
입수장소	중국 제남(濟南)
입수경위	선물 받음
생산국가	중국
생산연대	현대
재료	죽제
등급	B급

일련번호 391

입수일자	1996년 10월 5일
입수장소	중국 제남(濟南)
입수경위	선물 받음
생산국가	중국
생산연대	골동?
재료	죽제
등급	B급

일련번호 392

입수일자	1996년 10월 5일
입수장소	중국 제남(濟南)
입수경위	선물 받음
생산국가	중국
생산연대	현대
재료	뽕나무(?)
등급	A급

일련번호 393

입수일자 1996년 10월 10일
입수장소 한국 서울
입수경위 선물 받음
생산국가 한국
생산연대 현대
재료 백자
등급 B급

성대 영문학과 창설 50주년 기념 홍보용 필통, 영문학과 우청(又靑) 정병조(鄭炳祖) 교수가 지은 한시가 새겨져 있는데 당사자로부터 기증받았음.

일련번호 394

입수일자 1996년 10월 10일
입수장소 한국 서울
입수경위 선물 받음
생산국가 한국
생산연대 현대
재료 연한 청색 도자기
등급 C급

성대 28대 총학생회 출범 기념필통.

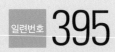

일련번호 395

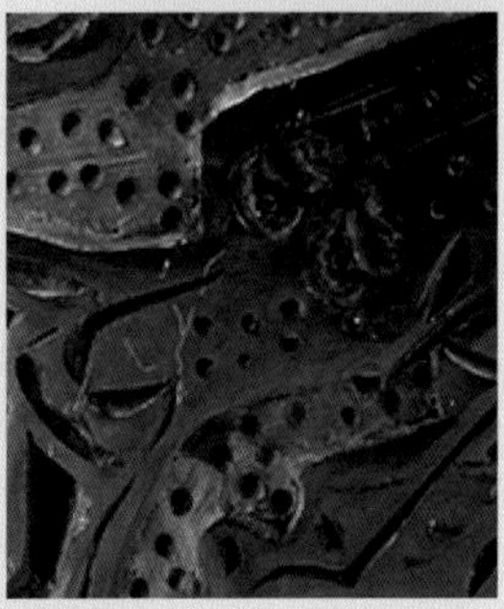

입수일자	1996년 10월 19일
입수장소	중국 제남(濟南)
입수경위	선물 받음
생산국가	중국
생산연대	현대
재료	흑도(黑陶)
	현지 특산
등급	A급

이 필통을 나에게 선물한 정관지(丁冠之) 교수는 산동대학 역사학과의 교수다. 그는 1987년 8월 말 내가 처음으로 중국 곡부(曲阜)에서 열렸던 '국제유학학술토론회(國際儒學學術討論會)'에 참석해서 논문을 발표했을 때 내 논문을 평론해 줌으로써 인연을 맺게 되었으며, 그로부터 오늘에 이르기까지 우리 두 사람은 서로 일가라고 좋아하면서 때로는 서로 방문 교신 여행을 함께 하면서 두터운 우정을 쌓아 오고 있다. 그는 내가 필통을 수집하고 있다는 사실을 알고 이 필통을 특별히 사서 선물해 주었다. 산동대학의 진지안(陳之安) 부총장 노종공(盧宗功) 교수와 함께 세 사람 모두 나의 지우(摯友)들로서 내가 성대와 산대 간의 자매결연을 추진하였을 때 서로가 많은 도움을 주고받았다. 그때는 아직 한중 간 국교도 수교되지 않았을 때였지만 모든 난관을 극복하고 그 큰일을 결국 성취시키고야 말았다. 그 후로 두 대학은 교수와 학생들의 상호 교환도 하고 단기적인 방문도 하고 있다. 지난 일을 회고해 보면 참으로 역사적이고 감동적인 추억이요 쾌거였다고 아니할 수가 없다.

이 밖에도 그가 선물한 필통이 몇 점 더 있다.

일련번호 396

입수일자	1996년 10월 19일
입수장소	중국 제남(濟南) 산동대(山東大)
입수경위	선물 받음
생산국가	중국
생산연대	현대
재료	백자
등급	B급

일련번호 397

입수일자	1996년 10월 19일
입수장소	중국 제남(濟南)
입수경위	선물 받음
생산국가	중국
생산연대	현대
재료	도자기
등급	A급

일련번호 398

입수일자	1997년 3월 27일
입수장소	일본 동경(東京)
입수경위	현지 구입
생산국가	일본
생산연대	현대
재료	종이
등급	B급

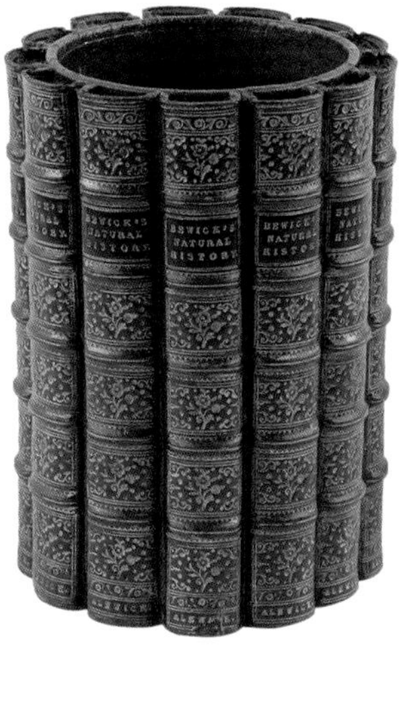

일련번호 **399**

입수일자	1997년 4월 20일
입수장소	중국 제남(濟南)
입수경위	선물 받음
생산국가	중국
생산연대	현대
재료	놋쇠
등급	B급

일련번호 **400**

입수일자	1997년 5월 10일
입수장소	호주
입수경위	선물 받음
생산국가	호주
생산연대	현대
재료	야자수(?)
등급	B급

일련번호 401

입수일자	1997년 5월 21일
입수장소	대만 대북(台北) 중정공항
입수경위	현지 구입
생산국가	대만
생산연대	현대
재료	도자기
등급	B급

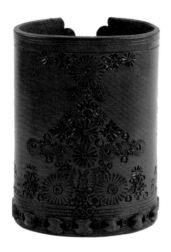

일련번호 402

입수일자	1997년 7월 12일
입수장소	헝가리 부다페스트
입수경위	현지 구입
생산국가	헝가리
생산연대	현대
재료	갈색 소가죽
등급	C급

일련번호 403

입수일자	1997년 7월 12일
입수장소	헝가리 부다페스트
입수경위	현지 구입
생산국가	헝가리
생산연대	현대
재료	?
등급	B급

일련번호 404

입수일자	1999년 7월
입수장소	인도네시아
입수경위	선물 받음
생산국가	인도네시아
생산연대	현대
재료	검은 대리석
등급	B급

일련번호 405

입수일자	1997년 8월 13일
입수장소	북경(北京) 홍교시장
입수경위	현장 구입
생산국가	중국
생산연대	현대
재료	죽제
등급	A급

일련번호 406

입수일자	1997년 8월 13일
입수장소	북경(北京) 홍교시장
입수경위	현장 구입
생산국가	중국
생산연대	현대
재료	황양목
등급	A급

일련번호 407

입수일자	1998년 1월
입수장소	중국 북경(北京)
입수경위	선물 받음
생산국가	중국
생산연대	현대
재료	흑단 목
등급	B급

일련번호 408

입수일자	1998년 2월
입수장소	한국 서울 강남
입수경위	선물 받음
생산국가	중국(?)
생산연대	현대
재료	무쇠 주조
등급	A급

일련번호 409

입수일자	2007. 3월
입수장소	대만 대북(台北)
입수경위	현장 구입
생산국가	중국
생산연대	현대
재료	회백색 옥돌
등급	A급

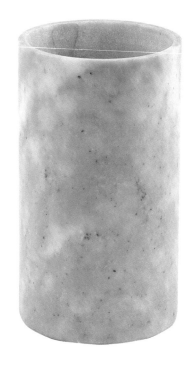

일련번호 410

입수일자	1998년 5월
입수장소	한국 서울
입수경위	선물 받음
생산국가	한국
생산연대	현대
재료	주석
등급	B급

성균관대학교 홍보물

일련번호 411

입수일자 1998년 5월
입수장소 한국 서울
입수경위 선물 받음
생산국가 한국
생산연대 현대
재료 참나무
등급 C급

성대 28대 총학생회 출범 기념필통

일련번호 412

입수일자 1998년 7월 15일
입수장소 중국 북경(北京)
입수경위 선물 받음
생산국가 중국
생산연대 현대
재료 토기
등급 A급

일련번호 413

입수일자 1988년 8월 5일
입수장소 한국 서울
입수경위 선물 받음
생산국가 한국도자기
생산연대 현대
재료 도자기 이수정 작품
등급 B급

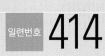

일련번호 414

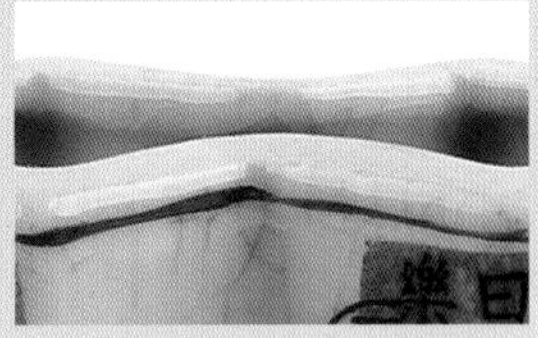
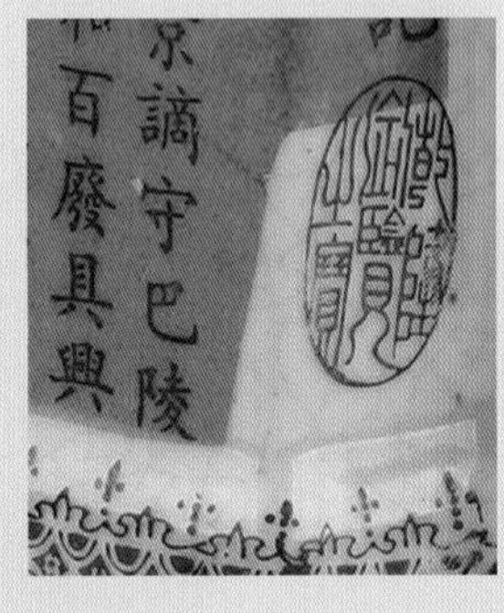

입수일자	1988년 9월 16일
입수장소	한국 서울 인사동
입수경위	현장 구입
생산국가	중국
생산연대	현대
재료	도자기
등급	A급

범중엄(范仲淹)의 악양루기(岳陽樓記)이다. 범중엄은 중국 북송(北宋)의 정치가로, 자는 희문(希文). 1015년에 진사 시험에 합격하였고, 섬서(陝西)에서 서하의 방위에 공을 세웠다. 추밀부사를 거쳐 참지정사(參知政事)가 되었다. 인종에게 나라 안의 여러 제도를 고치도록 10개조를 상소하였으나 반대파의 반대로 변두리 지방으로 쫓겨났다. 인종 경력(慶曆) 4년 친구인 등자경이 파릉군(巴陵郡)의 태수로 좌천되었는데, 이듬해 악양루를 중수하였을때, 범중엄을 초빙하여 글을 부탁하여 지은 글이다. 너무도 유명한 문장이 들어있을 뿐만 아니라 모양이 특이해서 구입하였다.

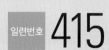

일련번호 **415**

입수일자	1998년 9월 26일
입수장소	중국 북경(北京)
입수경위	선물 받음
생산국가	중국
생산연대	청대 골동품
재료	자단
등급	특 A급

신관결(辛冠潔) 씨의 선물. 그의 선물은 또 하나의 필통(8자 모양의 입체 산수화를 조각한 괴상한 대나무)도 있고 유명한 작은 벼루도 있다. 신 선생의 선물은 대부분 명품이다. 자기가 스스로 집에서 아끼며 감상하던 것들이다. 외국 친구의 수집을 도와주기 위해서 특별히 선물로 가져 왔다. 참으로 고맙고 그 우의에 머리가 절로 숙여짐을 느끼지 않을 수가 없다. 그는 지난날 외국 주재 대사를 지낸 바 있는 외교관이었다.

일련번호 416

입수일자	1998년 12월 30일
입수장소	한국 서울 인사동
입수경위	현지 구입
생산국가	중국
생산연대	현대 작품
재료	옥(玉)
등급	A급

일련번호 417

입수일자	1991년 1월
입수장소	마다가스카르
입수경위	선물 받음
생산국가	영국
생산연대	현대
재료	가죽
등급	B급

일련번호 418

입수일자	1998년 11월
입수장소	중국 제남(濟南)
입수경위	선물 받음
생산국가	중국
생산연대	현대
재료	목재
등급	A급

일련번호 419

입수일자	1999년 3월
입수장소	한국 서울 인사동 노점
입수경위	현장 구입
생산국가	한국
생산연대	현대
재료	놋쇠
등급	B급

일련번호 420

입수일자	1999년 4월
입수장소	중국 북경(北京)
입수경위	선물 받음
생산국가	중국
생산연대	현대
재료	송진
등급	B급

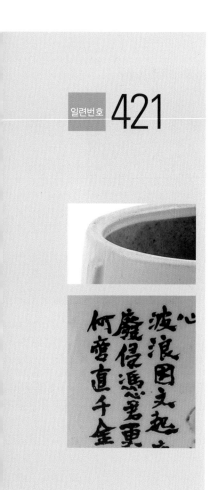

일련번호 421

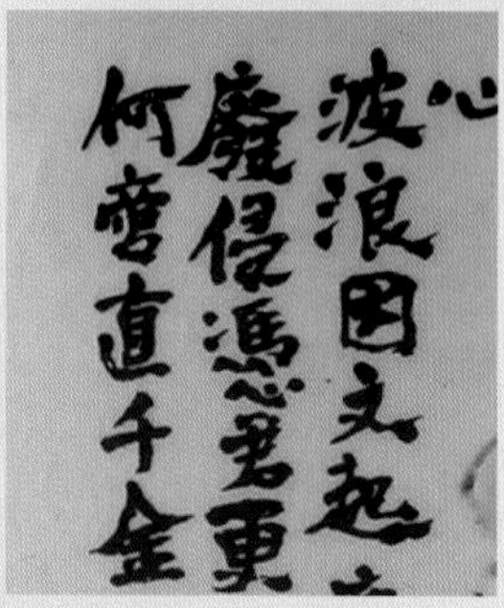

입수일자	1999년 5월 19일(?)
입수장소	한국 충주대학교
입수경위	특강 선물
생산국가	한국
생산연대	현대
재료	도자기
등급	A급

충주대학교에서 특강을 하고 나서 특별 선물로 받았다. 학생 일동의 기념품. 운보(雲甫) 김기창(金基昶, 1913~2001) 화백은 우리나라 현대 미술계에서 일류가는 화가이다. 부인은 박래현(朴來賢)인데 부인 역시 유명한 화가이다. 운보 선생은 일찍부터 청력 장애인이었지만 만난을 극복하고 세계적인 화가로 성공한 입지전적 인물이다. 청주에는 그의 미술관이 크게 세워져 있어서 관광 명소가 되고 있다. 이들 부부 화가는 내가 대만 유학을 할 당시 김영기, 이유태, 김정현 등 화가들과 더불어 대북에서 전시회를 열었을 때 처음 만나서 알게 되었다.

일련번호 422

입수일자	1999년 5월 19일
입수장소	한국 충주대
입수경위	선물 받음
생산국가	한국
생산연대	현대
재료	도자기
등급	A급

일련번호 423

입수일자	1999년 6월 24일
입수장소	우크라이나 키이우
입수경위	현지 구입
생산국가	우크라이나
생산연대	현대 작품
재료	오동나무
등급	A급

내가 한-우크라이나 친선협회 회장직을 맡고 있을 때 그 나라의 초청을 받고 협회 여러 간부들과 더불어 우크라이나 수도인 키예프를 방문했었다. 거기서 융성한 대접을 받고 한-우 두 나라의 친선을 돈독히 다지고 돌아왔다. 이 필통은 그때 현지에서 구입한 것으로 뜻 깊고 귀중한 필통으로 간직하고 있다. 이것 말고도 값비싼 것은 못되더라도 그때 사 온 필통으로 몇 개가 더 있다.

일련번호 424

입수일자	1999년 6월 24일
입수장소	우크라이나 키이우
입수경위	현지 구입
생산국가	우크라이나
생산연대	현대 작품
재료	오동나무(?)
등급	B급

일련번호 425

입수일자	1999년 7월
입수장소	말레이시아
입수경위	선물 받음
생산국가	인도네시아
생산연대	현대
재료	갈색 나무
등급	B급

일련번호 426

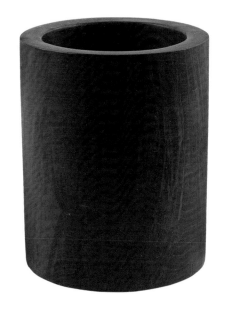

입수일자	2000년 8월 4일
입수장소	한국 서울 인사동
입수경위	선물 받음
생산국가	한국
생산연대	현대
재료	외국산 용수(榕樹)(?)
등급	B급

일련번호 427

입수일자	1990년 2월
입수장소	한국 서울
입수경위	선물 받음
생산국가	한국
생산연대	현대
재료	백색 도자기
등급	A급

남농(南農) 산수화. 이는 성대 사회학과 양흥모 교수 정년퇴임 기념품으로 제작한 것을 그 학과로부터 선물로 받았음.

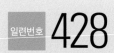

일련번호 428

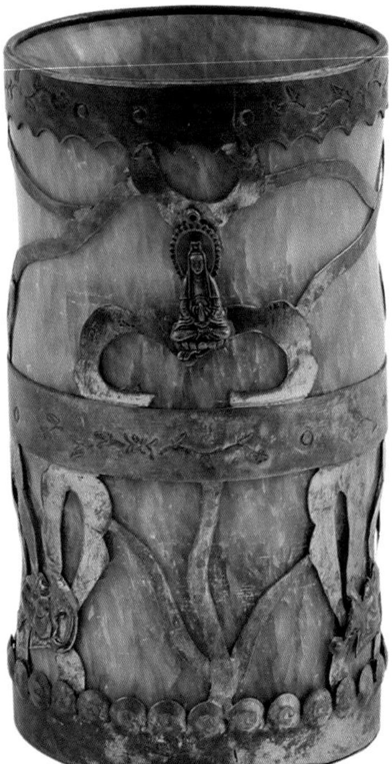

입수일자	2000년 8월 22일
입수장소	중국 서장(西藏) 라사(拉薩)
입수경위	현지 구입
생산국가	중국 라싸
생산연대	현대
재료	푸른 옥석
등급	A급

중국 티베트의 라사에서 구입했다. 라사는 티베트의 수도이다. 이곳은 저 유명한 서장 불교의 성지로 포탈라궁이 있는 곳이다. 해발 4천 미터의 고지여서 산소가 희박해서 고통을 겪는 관광객이 대단히 많다. 포탈라궁전은 7세기부터 축조하기 시작했고, 17세기 제5세 달라이라마 시대에 이르러 크게 중건한 궁전으로 주루가 13층, 그 높이가 116미터에 이른다. 그러나 제목으로 황토와 목재 그리고 진흙 이외에는 아무것도 사용하지 않았다고 한다. 여기에는 불전과 불경을 비롯해서 수많은 값진 불교 유물이 소장되어 있다. 뿐만 아니라 지난날 중국으로 합병되기 이전에는 승려들의 숙소도 갖추어져 있었던 서장 정치의 중심지이기도 하였다.

일련번호 429

입수일자	2008년 8월 28일
입수장소	중국 서장(西藏) 라사(拉薩)
입수경위	현지 구입
생산국가	중국
생산연대	현대
재료	황토색 목제(?)
등급	B급

일련번호 430

입수일자	2008년 8월
입수장소	캐나다 벤쿠버
입수경위	선물 받음
생산국가	인도
생산연대	현대
재료	도자기
등급	C급

일련번호 431

입수일자	2000년 1월 17일
입수장소	중국 해남도(海南島)
입수경위	현지 구입
생산국가	중국
생산연대	현대
재료	자황색 골분
등급	B급

일련번호 **432**

입수일자	1993년 10월
입수장소	중국 제남(濟南)
입수경위	현지 구입
생산국가	중국
생산연대	현대
재료	도자기
등급	C급

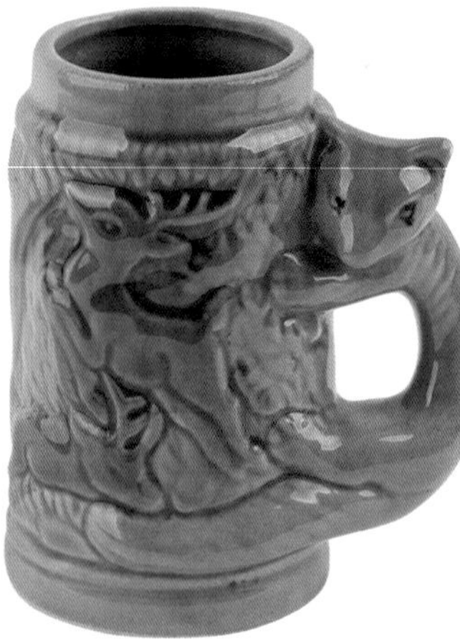

일련번호 **433**

입수일자	1994년 5월
입수장소	미국 버어지니아
입수경위	선물 받음
생산국가	미국
생산연대	현대
재료	향나무
등급	C급

일련번호 **434**

입수일자	1995년
입수장소	이집트 카이로
입수경위	선물 받음
생산국가	중국
생산연대	현대
재료	놋쇠
등급	C급

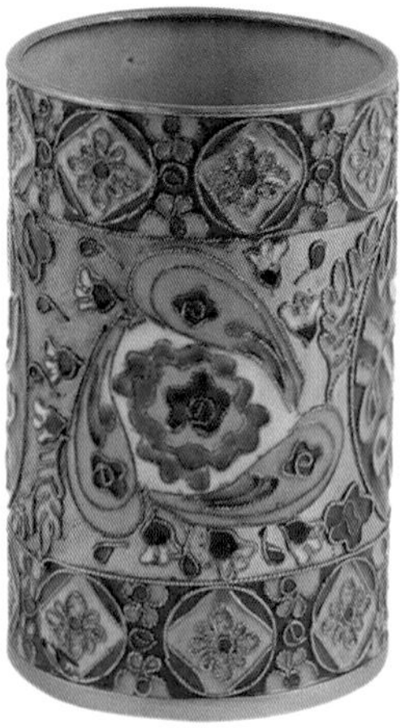

일련번호 435

입수일자	2002년
입수장소	중국 소주(蘇州)
입수경위	현지 구입
생산국가	중국
생산연대	현대
재료	자단
등급	B급

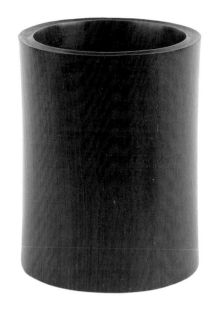

일련번호 436

입수일자	2002년
입수장소	한국 서울
입수경위	선물 받음
생산국가	한국제
생산연대	현대
재료	참나무
등급	B급

일련번호 437

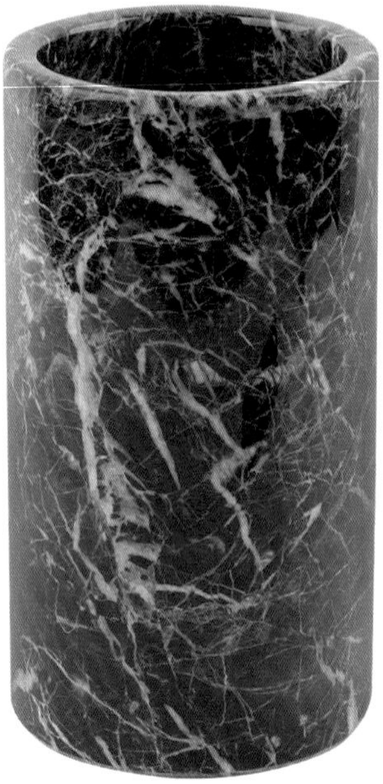

입수일자	2002년
입수장소	중국 운남(雲南)
입수경위	선물 받음
생산국가	중국
생산연대	현대
재료	흑색(잡색) 대리석
등급	B급

일련번호 438

입수일자	2003년
입수장소	한국 서울 인사동
입수경위	현장 구입
생산국가	한국
생산연대	현대
재료	주석
등급	C급

일련번호 439

입수일자	2003년
입수장소	한국 서울 인사동
입수경위	현장 구입
생산국가	중국
생산연대	현대
재료	죽제
등급	A급

일련번호 440

입수일자	2003년
입수장소	한국 서울 인사동
입수경위	현장 구입
생산국가	중국
생산연대	현대
재료	황양목
등급	A급

일련번호 441

입수일자	2003년 11월
입수장소	중국 중경(重慶) 금도협(金刀峽)
입수경위	현지 구입
생산국가	중국
생산연대	현대
재료	죽제
등급	C급

일련번호 442

입수일자	2004년 7월
입수장소	중국 상해(上海)
입수경위	선물 받음
생산국가	중국
생산연대	현대
재료	자단
등급	B급

일련번호 443

입수일자	2004년 7월 5일
입수장소	대만 대북(台北)
입수경위	현지 구입
생산국가	중국
생산연대	현대
재료	흰색 사기(沙器)
등급	A급

일련번호 **444**

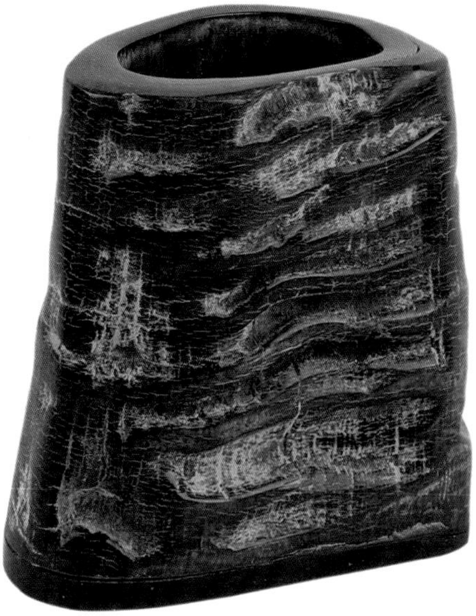

입수일자	2004년 07월 05일
입수장소	대만 대북(台北)
입수경위	현지 구입
생산국가	대만
생산연대	현대
재료	흑색 무소뿔
등급	B급

일련번호 **445**

입수일자	2005년 05월 20일
입수장소	중국 북경(北京) 반가원(潘家園)
입수경위	현장 구입
생산국가	중국
생산연대	골동(?)
재료	연옥
등급	특 A급

반가원(潘家園)은 북경의 이름난 골동품 시장이다. 옛날부터 유리창이 유명했지만 지금은 유리창 못지않게 크고 풍성한 골동품 시장이 여러 군데 있다. 그 중에서 내가 자주 들렀던 시장이 바로 이 반가원과 홍교상장(虹橋商場)이다. 이곳에서 나는 여러 점의 필통을 샀다.

일련번호 446

입수일자	2005년 5월 20일
입수장소	중국 북경(北京) 반가원(潘家園)
입수경위	현장 구입
생산국가	중국
생산연대	현대?
재료	동제(銅製)
등급	B급

일련번호 447

입수일자	2005년 05월 20일
입수장소	중국 북경(北京) 반가원(潘家園)
입수경위	현장 구입
생산국가	중국
생산연대	현대
재료	흑단
등급	A급

일련번호 448

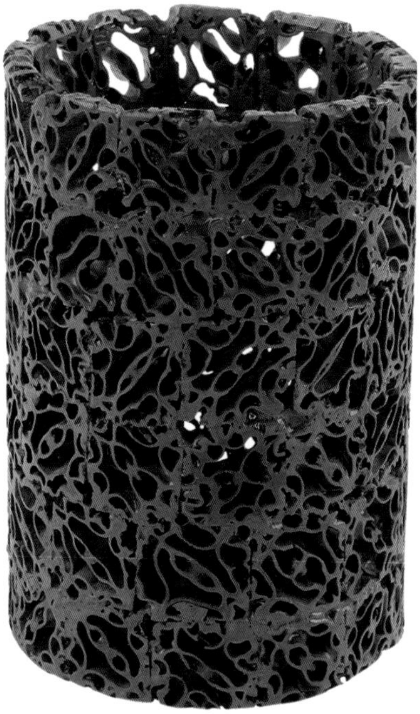

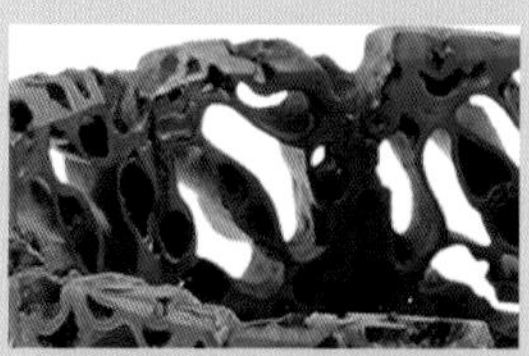

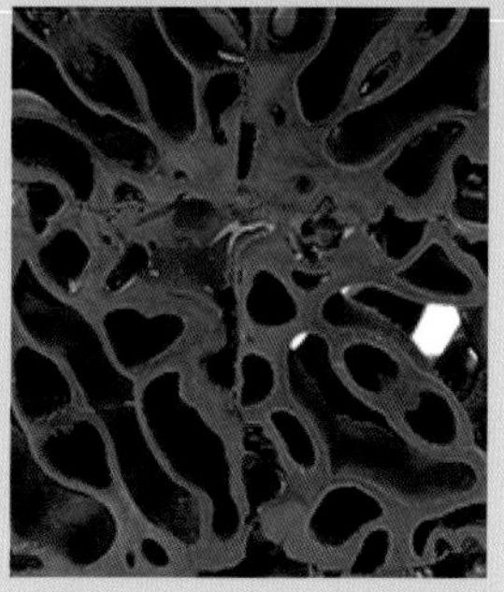

입수일자	2005년 5월 21일
입수장소	중국 승덕(承德) 열하(熱河)의 피서산장
입수경위	현지 구입
생산국가	중국
생산연대	현대
재료	호두
등급	특 A급

이 필통은 모양이 특이하고 재료는 더욱 독특하다. 호두 껍질을 잘라 이어붙인 형태로 되어 있어 아름답고 다른 곳에서는 찾아볼 수 없는 명품이라 할 수 있다. 중국 승덕시(承德市, 옛 지명은 열하(熱河))에 있는 피서산장(避暑山莊)을 구경하고 돌아오다가 구입했다. 피서산장은 청나라 건륭황제의 별궁으로, 여름에는 황제의 집무를 이곳에서 보았다고 하는데 보통 피서별궁 또는 열하행궁(熱河行宮)으로 불렸다. 1780년 조선조 정조는 건륭황제의 생신을 축하하는 사절단을 파견했었다. 그때 연암(燕巖) 박지원(朴趾源) 선생이 서장관으로 단장 박명원을 수행하였고 귀국해서는 저 유명한 열하일기(熱河日記)를 지었다. 열하일기는 조선을 출발하여 열하에 도착하여 건륭제를 만나고 돌아오는 모든 과정을 상세하게 기록해 놓은 역사적 가치가 높은 일기체의 기행문이다.

이런 역사적인 곳에서 구입한 물건이라 나에게는 더욱 뜻깊고 가치 있는 필통이다.

일련번호 449

입수일자 2005년 5월 15일
입수장소 중국 북경대학(北京大學)
입수경위 선물 받음
생산국가 중국
생산연대 현대
재료 검은 토기
등급 B급

일련번호 450

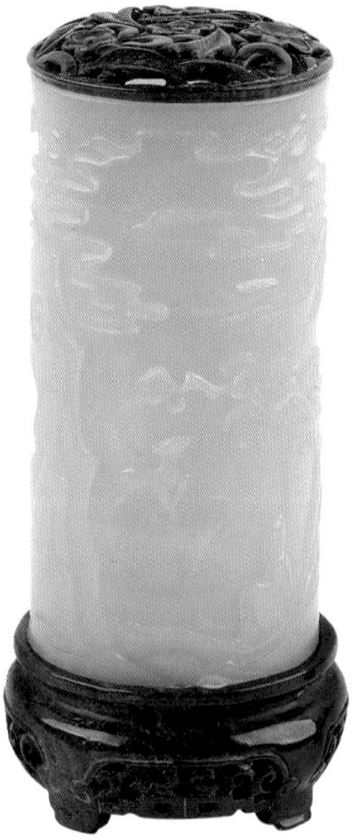

입수일자 2006년 5월 17일
입수장소 중국 둔계(屯溪) 황산(黃山)
입수경위 현지 구입
생산국가 중국
생산연대 현대 작품
재료 연옥
등급 A급

황산은 중국 안휘성에 있는 세계적인 관광지로 한국인도 많이 찾는 유명한 산이다. 광명정(光明頂), 연화봉(蓮花峰), 천도봉(天都峯) 다, 해발 1800미터가 넘고, 수많은 기이한 봉우리와 깊은 골짜기의 웅장함은 사람의 눈을 놀라게 한다.
이 필통은 뚜껑을 열어 놓으면 필통이고, 닫아 놓으면 향통이 된다.

일련번호 451

입수일자	1989년 8월 1일
입수장소	대만 대북(台北)
입수경위	현지 구입
생산국	필리핀(Phillippine)
생산연대	현대
재료	야자수 뿌리
등급	B급

일련번호 452

입수일자	2006년 11월 29일
입수장소	한국 서울 인사동
입수경위	현장 구입
생산국가	필립핀
생산연대	현대
재료	야자수
등급	B급

일련번호 453

입수일자	2006년
입수장소	필리핀
입수경위	현지 구입
생산국가	필리핀
생산연대	현대
재료	야자수
등급	B급

일련번호 454

입수일자	1999년 7월
입수장소	인도네시아
입수경위	선물 받음
생산국가	인도네시아
생산연대	현대
재료	검은 토기
등급	B급

일련번호 455

입수일자	1985년 8월 13일
입수장소	페루(Peru)
입수경위	선물 받음
생산국가	페루
생산연대	현대
재료	토기
등급	C급

일련번호 456

입수일자	1989년 9월 1일
입수장소	페루(Peru)
입수경위	선물 받음
생산국가	페루
생산연대	현대
재료	토기
등급	C급

일련번호 457

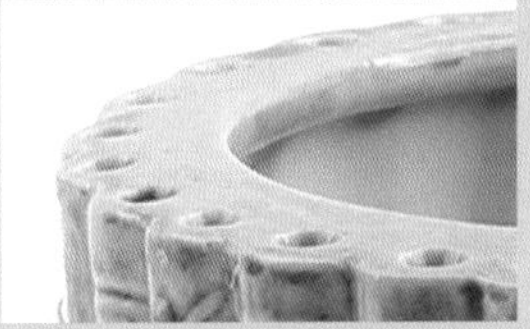

입수일자	2006년 8월 18일
입수장소	중국 성도(成都) 두보초당(杜甫草堂) 박물관
입수경위	현지 구입
생산국가	중국
생산연대	청말(?)
재료	도자기
등급	A급

당나라의 시인 두보는 당시의 이백과 더불어 고금을 통틀어서 양대 시인으로 추앙을 받고 있다. 성당(盛唐) 시 안록산의 난리가 일어났을 때 조정은 수도 장안을 비워두고 서쪽으로 몽진을 떠났었다. 두보도 이때 가족과 헤어져 성도(成都)로 난을 피해 가서 한때 친구 검남절도사(劍南節度使) 엄무(嚴武)의 도움을 받았으며 완화계(浣花溪) 옆에 초당을 짓고 살았다. 지금도 그곳에는 두보초당이 재현되어 있고 초당박물관도 있다. 이 필통은 그곳에서 구입하였으니 뜻도 있고 필통이 마음에 흡족하기도 하였다.

일련번호 458

입수일자	2006년 8월 17일
입수장소	중국 성도 삼성퇴(三星堆) 박물관
입수경위	현장 구입
생산국가	중국
생산연대	현대
재료	유리
등급	A급

삼성퇴는 중국 고대의 마을 이름이다. 그 마을이 고촉국(古蜀國)이 있었던 터전이다. 고촉국의 이야기는 옛 전설로만 내려왔으나 근자에 지하의 유물이 발굴됨으로써 세상에 실화로 알려졌고, 그 자리에 박물관이 세워졌다. 정말 오래된 문명국의 이야기다.

일련번호 459

입수일자	2006년 8월 17일
입수장소	중국 성도 삼성퇴(三星堆) 박물관
입수경위	현지 구입
생산국가	중국
생산연대	현대
재료	철제
등급	B급

일련번호 460

입수일자	2006년 08월 17일
입수장소	중국 성도(成都) 아미산(峨眉山)
입수경위	현지 구입
생산국가	중국
생산연대	현대
재료	죽제
등급	B급

중화민국 초 유명한 학자 임칙서(林則徐 1785-1850)의 상 조각.
그는 청말의 정치가로 자는 소목(少穆), 호는 문충(文忠)으로 청나라의 흠차대신을 두 번 역임하였다. 영국에 의한 아편 밀수를 강경하게 단속하여 영국과의 아편 전쟁이 일어난 계기를 만들었던 진보적인 인물이다.

일련번호 461

입수일자	2006년 09월 24일
입수장소	중국 북경(北京) 반가원(潘家園)
입수경위	현장 구입
생산국가	중국
생산연대	청대
재료	목재
등급	B급

일련번호 462

입수일자 2006년 9월 24일
입수장소 중국 북경(北京) 반가원(潘家園)
입수경위 현장 구입
생산국가 중국
생산연대 현대 작품
재료 은제
등급 A급

일련번호 463

입수일자 2006년 12월 27일
입수장소 필리핀
입수경위 선물
생산국가 필리핀
생산연대 현대
재료 코코넛 나무
등급 B급

일련번호 **464**

입수일자	2006년 12월 27일
입수장소	한국 서울 인사동
입수경위	현장 구입
생산국가	중국
생산연대	현대
재료	토기
등급	B급

일련번호 **465**

입수일자	2007년 1월 24일
입수장소	대만 대북(台北)
입수경위	선물 받음
생산국가	대만
생산연대	현대
재료	토기(?)
등급	C급

일련번호 **466**

입수일자	2007년 3월 17일
입수장소	대만 대북(台北)
입수경위	선물 받음
생산국가	대만
생산연대	현대작품
재료	총천연색 석고(?)
등급	C급

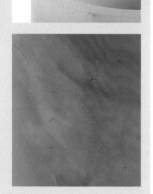

일련번호 467

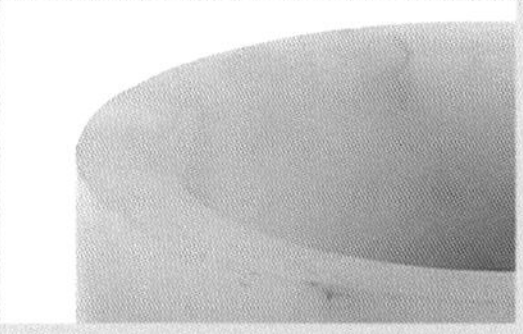

입수일자	1998년 3월 9일
입수장소	중국 북경(北京)
입수경위	선물 받음
생산국가	중국
생산연대	골동품(?)
재료	연옥(軟玉)
등급	A급

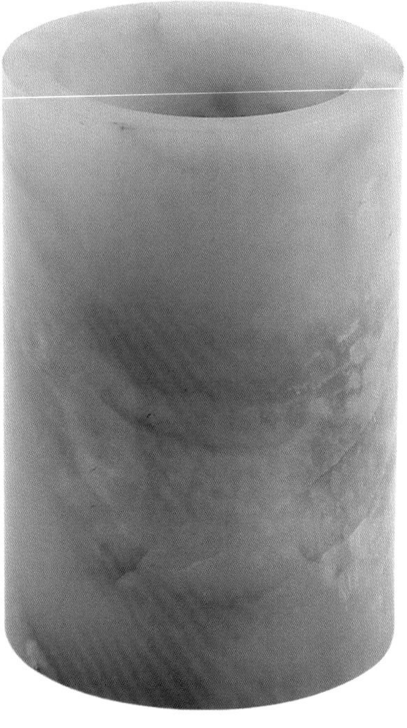

1986년 내가 한창 필통 수집에 열을 올리고 있을 무렵이었다. 어느 좋은 날 지방 모 대학교수였던 제자 한 사람이 결혼식 주례 요청을 해와서 청주로 내려갔다. 그 날 안사람은 출타하고 16세짜리 심부름하는 여자아이가 혼자 집을 보고 있었다. 이런 정황을 알고 있었던지 두 놈의 강도가 들었다. 벽에 걸렸던 명사들의 서화 수 점과 필통 장에 들어 있던 일품 필통 3~4개를 훔쳐 갔다. 급히 귀가해 보니 집안은 온통 아수라장이 되어 있었고 그 아이는 아직까지도 겁에 질려 떨고 있었다. 나는 먼저 "너는 괜찮았니?" 물어보았다. 물건보다도 혹시나 강도들이 그 아이를 겁박하거나 구타했을까 봐 걱정을 많이 했기 때문이었다. 그런데 강도들은 집에 들어오자마자 그 아이부터 아랫목에 이불을 덮어씌워 꼼짝을 못하게 겁을 준 다음 도적질을 했다는 것이었다. 그때 아끼던 이 옥 필통이 없어졌다. 무척 마음이 아팠다.

그 후 얼마 뒤, 나는 인사동의 한 좌판에서 그 잃어버렸던 옥 필통을 발견했다. 너무도 반가웠다. 흥분을 가라앉히고 우선 값부터 물어보았다. 6만 원이라고 했다. 당장 경찰에 고발해서 필통을 어디서 가져왔는지 뒷조사를 하게 해서 강도들을 잡게 하고 싶었다. 그런데 순간 이 아주머니는 틀림없이 문초를 당할 것이고 이래저래 여러 날 고통을 당할 것이라는 생각이 문득 들어서 상한 속을 꾹 참고 아무 말도 흥정도 못하고 필통만 사 들고 집으로 돌아오고 말았다. 그러나 내 마음은 마치 잃어버렸던 아이를 찾아온 듯 한없이 반갑고 고맙고 후련하기도 하였지만 한편으로는 왠지 씁쓸한 마음을 지울 수가 없었다.

일련번호 **468**

입수일자	2007년 11월 06일
입수장소	한국 곤지암 보원요(寶元窯)
입수경위	기증품
생산국가	한국
생산연대	현대
재료	백자
등급	B급

일련번호 **469**

입수일자	2007년 11월 10일
입수장소	한국 서울
입수경위	선물 받음
생산국가	한국
생산연대	현대
재료	백자
등급	B급

창사 이춘희 교수의 글씨가 있는
친구 변봉석(邊鳳錫)형의 희수 기념품이다.

일련번호 470

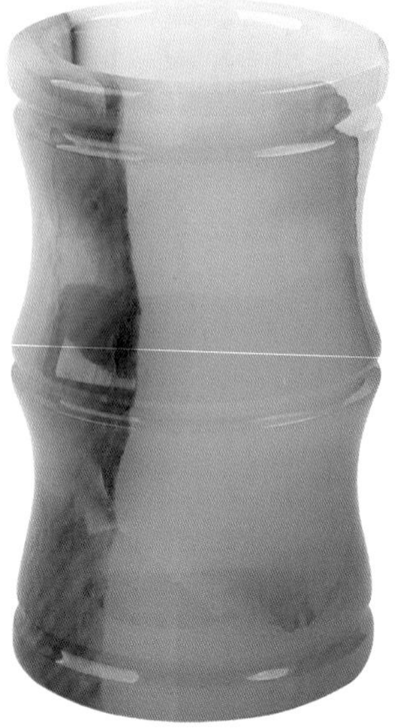

입수일자	2008년 03월 30일
입수장소	대만 대북(台北)
입수경위	선물 받음
생산국가	대만
생산연대	현대
재료	대리석
등급	C급

일련번호 471

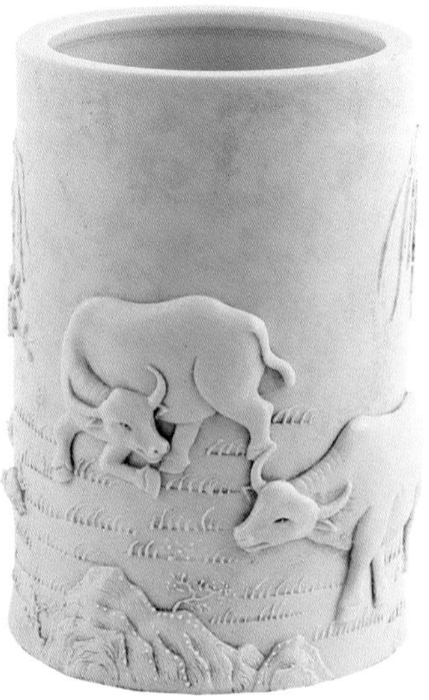

입수일자	2008년 04월 07일
입수장소	한국 서울 인사동
입수경위	선물 받음
생산국가	중국
생산연대	현대
재료	사기(沙器)
등급	A급

왕병영(王炳榮)씨의 작품. 대진대학교 특강 선물.

일련번호 472

입수일자	2008년 대진대
입수장소	한국 경기도 포천 대진대
입수경위	특강 선물
생산국가	한국
생산연대	현대
재료	도자기
모양	원통형
등급	B급

송면순 작품 도자기
윗쪽은 흑고동색, 중간은 적색, 아래쪽은 흑고동색이다.
아래쪽에는 유약이 흘러내린 자국이 남아있는 것이 특색임.

일련번호 473

입수일자	2011년 10월 28일
입수장소	한국 서울 인사동
입수경위	현장 구입
생산국가	중국
생산연대	현대
재료	도자기
모양	원통
등급	A급

일련번호 474

입수일자	2012년 10월
입수장소	한국 서울
입수경위	소나의 작품
생산국가	한국
생산연대	현대
재료	도자기
등급	B급

생활도자기 필통. 사랑하는 소나(小娜)가 직접 그린 국화가 있는 애장품. 정원 애미(小娜)가 직접 만든 작품으로 내 생일 축하 선물이다.

일련번호 475

입수일자	2013년 2월 7일
입수장소	한국 서울
입수경위	인사동 좌판에서 구입
생산국가	중국
생산연대	현대
재료	도자기
등급	A급

일련번호 476

입수일자	2013년 5월 30일
입수장소	한국 서울
입수경위	성대 홍보용 필통
생산국가	한국
생산연대	현대
재료	적색 검은 바탕의 나전칠기
등급	B급

일련번호 477

입수일자	2013년 5월 20일
입수장소	한국 서울 고덕동 주양쇼핑몰
입수경위	현장 구입
생산국가	한국
생산연대	현대
재료	나전칠기
등급	B급

일련번호 478

입수일자	2013년 5월 30일
입수장소	한국 서울 주양 쇼핑몰
입수경위	현장 구입
생산국가	한국
생산연대	현대
재료	나전칠기
등급	B급

일련번호 **479**

입수일자	2013년 4월 29일
입수장소	한국 서울 인사동 좌판
입수경위	현장 구입
생산국가	중국
생산연대	현대
재료	자주 도자기?
모양	원통
등급	B급

일련번호 **480**

입수일자	2013년 9월
입수장소	한국 인사동
입수경위	현장 구입
생산국가	중국
생산연대	현대
재료	유리
등급	B급

일련번호 **481**

입수일자	2014년 6월 20일
입수장소	중국 정주(鄭州) 공항 구내매점
입수경위	현장 구입
생산국가	중국
생산연대	현대
재료	사기(沙器)
등급	A급

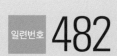

일련번호 482

입수일자	2014년 10월 18일
입수장소	중국 정주(鄭州) 공항
입수경위	현장 구입
생산국가	중국
생산연대	현대
재료	석분(?) 커피색
등급	A급

《손자병법(孫子兵法)》은 동서고금을 통틀어 가장 많은 지도자들이 읽은 전쟁이론의 명저이다. 중국 춘추시대 오나라 손무(孫武)가 지은 책으로 고대 제후들 간에 수많은 전쟁을 치르고 난 뒤, 전쟁에 필요한 이론과 실제를 정확하게 적어놓은 고전이다. 비록 고대의 전략이라 할지라도 지금도 그 이론이 정확하게 적중하고 있다는 사실에 우리는 감탄하지 않을 수 없다. "싸우지 않고 이기는 것이 가장 좋은 책략"이라고 한 것이나 "상대방을 알고 나를 알면 백 번을 싸워도 위태롭지 않다"라고 한 말 등등은 모두 다 여기서 나온 병법상의 명언들이다. 이런 필통은 장병들의 책상 위에 사다 놓고 사용하면 제격이 될 것이다.

일련번호 483

입수일자	2014년 10월 16일
입수장소	중국 서안(西安) 진시황지하병마용 박물관(地下兵馬俑博物館)
입수경위	현장 구입
생산국가	중국
생산연대	현대
재료	수정 흑색 플라스틱
등급	B급

일련번호 484

입수일자	1985년 8월 31
입수장소	일본 쓰구바 EXPO-85
입수경위	현장 구입
생산국가	중국
생산연대	현대
재료	PVC
등급	C급

일련번호 485

입수일자	1986년 1월 3일
입수장소	홍콩(Hong Kong)
입수경위	현지 구입
생산국가	중국
생산연대	현대
재료	구리
등급	B급

일련번호 486

입수일자	2014년 11월 17일
입수장소	한국 서울 인사동
입수경위	구입
생산국가	중국
생산연대	현대
재료	플라스틱 제품
등급	B급

일련번호 **487**

입수일자	2014년 11월 17일
입수장소	한국 서울 인사동
입수경위	현장 구입
생산국가	중국
생산연대	현대
재료	자단
등급	A급

일련번호 **488**

입수일자	2014년 11월 20일
입수장소	한국 서울 인사동 거리
입수경위	현장 구입
생산국가	한국
생산연대	현대 작품
재료	흑색 사기
등급	B급

일련번호 489

입수일자	2015년 12월 17일
입수장소	한국 동양대 총장실
입수경위	선물 받음
생산국가	중국
생산연대	현대
재료	플라스틱
등급	B급

일련번호 490

입수일자	2022년 08월 30일
입수장소	한국 서울 인사동 좌판
입수경위	현장 구입
생산국가	중국
생산연대	현대(모고품)
재료	도자기
등급	B급

일련번호 491

입수일자	2022년 8월 10일
입수장소	한국 서울 인사동
입수경위	좌판에서 구입
생산국가	중국
생산연대	현대(모고품)
재료	도자기
등급	B급

일련번호 492

입수일자	2022년 08월 10일
입수장소	한국 서울 인사동
입수경위	좌판 구입. 조카 해성 군의 선물
생산국가	중국
생산연대	현대(모고품)
재료	도자기
등급	B급

조카 해성(海星) 군과 인사동 거리를 걷다가 우연히 아름다운 필통을 발견하고 구입하였다. 비록 옛 필통을 그 모습 그대로 모방하여 만든 것이지만 그 모습이 화려하고 멋이 있었다. 내가 사려고 했었는데 조카가 기어이 자기가 사서 우리 박물관에 기증하겠다고 우겨서 하는 수 없이 그의 호의를 받아들였다. 고마운 일이다.

일련번호 493

입수일자	2017년 4월 12일
입수장소	한국 서울 인사동
입수경위	현장 구입
생산국가	중국
생산연대	현대
재료	도자기
등급	A급

정범진의

필통 사랑

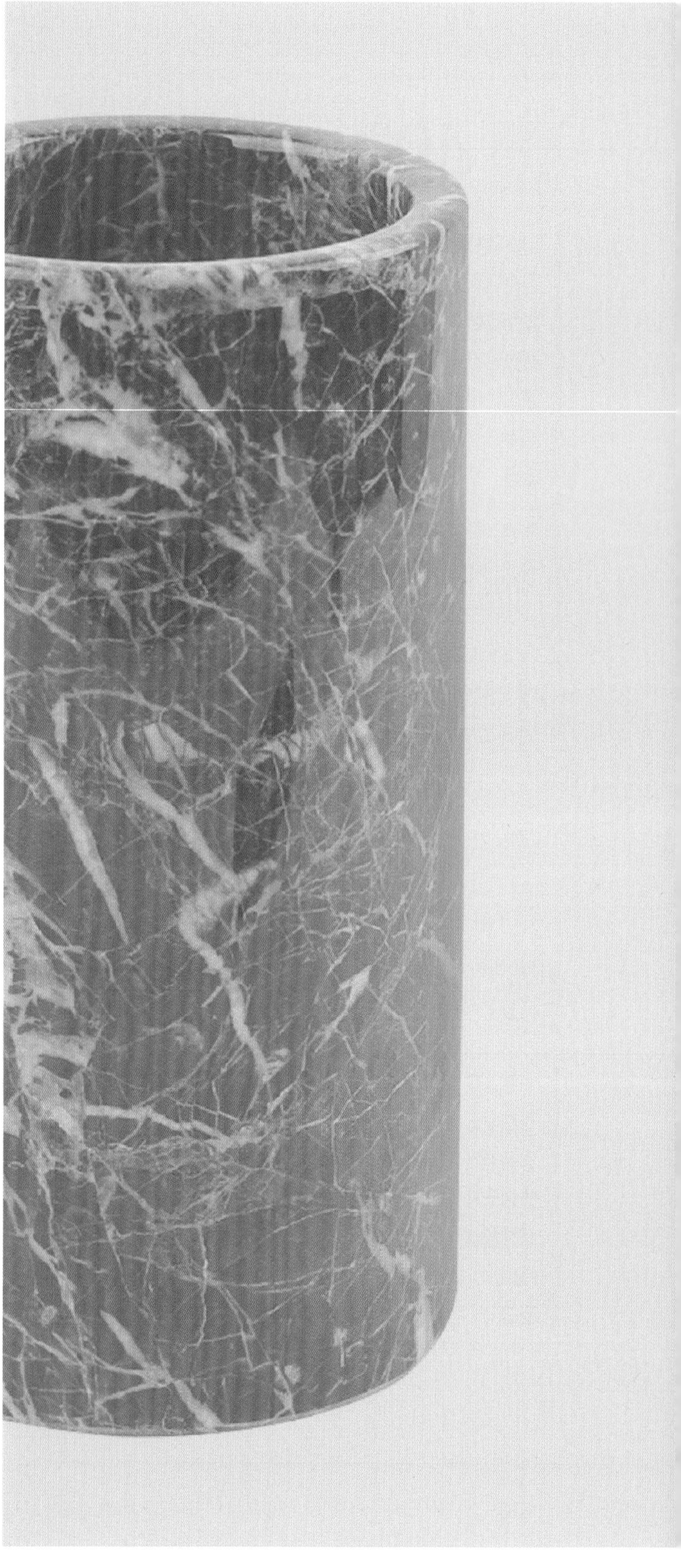

편집후기

1. 일련번호는 원래 필통 입수 날짜순이었으나 후에 유사한 필통을 한곳으로 모으는 과정에서 많이 달라졌다. 따라서 지금의 순서는 별 의미가 없게 되었다.

2. 필통의 등급은 입수 당시 수집 인의 기분에 따라 매겨본 것이기 때문에 정확하지도 않고 결정적인 의미가 있는 것도 아니다.

3. 수집한 필통의 수는 진열관에는 대략 600여 점이 있지만 이 도록에는 모양이 필통답지 않거나 크기가 너무 작거나 또는 재료가 좋지 않은 것 등 수준에 미치지 못하는 것들 100여 점을 제외하고 500점 정도만 수록하였다.

4. 필통은 한쪽에 몇 개를 배열했느냐에 따라서 큰 것이 작게 보이는 것도 있고, 작은 것이 크게 보이는 것도 있으니 잘 참작해서 봐주기 바란다.

5. 이유도 없이 서둘러 도록을 만들다 보니 애로가 적지 않았고, 특히 교정을 제때 제대로 봐주지 못한 점 미안하게 생각하며, 아울러 기획·촬영·편집·교정 등을 담당하신 화신문화사 여러분에게 깊은 감사의 말씀을 드린다.

┃ 모우재 내부 전경 ┃

사진: 영주시청 제공

慕愚齋 모우재

모우재 찾아가는 길

■ **교통편**

승용차 중앙고속도로 풍기IC→ 죽령로→ 안정면→ 장안로(소요시간 10분)
중앙고속도로 영주IC→ 예영로→ 경북대로→ 나무고개→신재로→ 필두길 혹은 줄포길(소요시간 15분)

기 차 중앙선 풍기역에서(택시로 10분), 영주역에서(택시로 15분)

버 스 영주종합터미널에서(택시로 10분)

■ **주소** 경상북도 영주시 상줄동 309번지 / (줄포길 77-14) 속칭 줄포마을

■ **전화** 054-636-9469, 010-5250-9070

정범진의
필통사랑

2024년 5월 15일 제1판 1쇄 발행

지은이 정범진
발행인 조우연
교정인 이채문 · 정소나
촬 영 김태연
디자인 ㈜화신문화
인쇄처 ㈜화신문화
발행처 쌍청헌
등 록 2021년 4월 1일 제 394-59-00543호
주 소 서울시 종로구 삼일대로 30길 21 종로오피스텔 602호
전 화 02-3675-9995 / 010-8536-1894
E-mail penholdermuseum@naver.com

ISBN 979-11-987337-0-2 (03640)
가 격 30,000원